贵州省出版发展专项资金资助

贵州世居民族文化书系

宋健 主编

火耀布摩经

HUOYAO BUMOJING

王继超 著

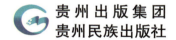

贵州出版集团
贵州民族出版社

图书在版编目（CIP）数据

火耀布摩经：彝族 / 王继超著 . -- 贵阳 ：贵州民
族出版社， 2014.6（2020.7 重印）
（贵州世居民族文化书系 / 宋健主编）
ISBN 978-7-5412-2109-5

Ⅰ．①火… Ⅱ．①王… Ⅲ．①彝族－民族文化－贵州
省 Ⅳ．① K281.7

中国版本图书馆 CIP 数据核字（2014）第 069762 号

贵州世居民族文化书系
火耀布摩经·彝族
宋 健 主编 王继超 著

出版发行	贵州民族出版社	
社址邮编	贵阳市观山湖区会展东路贵州出版集团大楼	550081
印 刷	山东龙岳文化传媒有限公司	
开 本	787mm×1092mm	1/16
字 数	200 千字	
印 张	12.25	
版 次	2014 年 6 月第 1 版	
印 次	2020 年 7 月第 3 次	
书 号	ISBN 978-7-5412-2109-5	
定 价	39.00 元	

贵州彝族分布示意图

聚居　散居

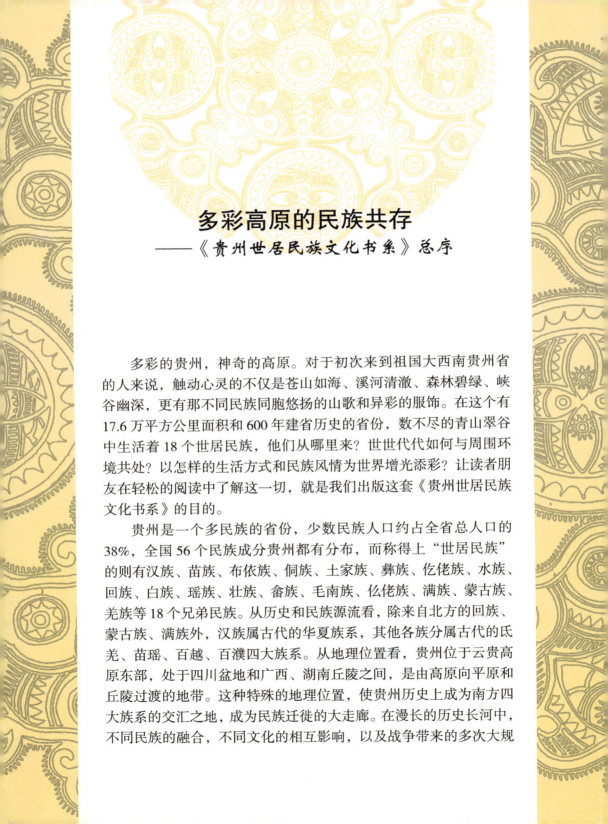

多彩高原的民族共存
——《贵州世居民族文化书系》总序

  多彩的贵州，神奇的高原。对于初次来到祖国大西南贵州省的人来说，触动心灵的不仅是苍山如海、溪河清澈、森林碧绿、峡谷幽深，更有那不同民族同胞悠扬的山歌和异彩的服饰。在这个有17.6 万平方公里面积和600 年建省历史的省份，数不尽的青山翠谷中生活着18 个世居民族，他们从哪里来？世世代代如何与周围环境共处？以怎样的生活方式和民族风情为世界增光添彩？让读者朋友在轻松的阅读中了解这一切，就是我们出版这套《贵州世居民族文化书系》的目的。

  贵州是一个多民族的省份，少数民族人口约占全省总人口的38%，全国 56 个民族成分贵州都有分布，而称得上"世居民族"的则有汉族、苗族、布依族、侗族、土家族、彝族、仡佬族、水族、回族、白族、瑶族、壮族、畲族、毛南族、仫佬族、满族、蒙古族、羌族等18 个兄弟民族。从历史和民族源流看，除来自北方的回族、蒙古族、满族外，汉族属古代的华夏族系，其他各族分属古代的氐羌、苗瑶、百越、百濮四大族系。从地理位置看，贵州位于云贵高原东部，处于四川盆地和广西、湖南丘陵之间，是由高原向平原和丘陵过渡的地带。这种特殊的地理位置，使贵州历史上成为南方四大族系的交汇之地，成为民族迁徙的大走廊。在漫长的历史长河中，不同民族的融合，不同文化的相互影响，以及战争带来的多次大规

模移民的进入，形成今天贵州多民族共存共荣的社会。

民族文化，指各民族在历史发展中创造的带有民族特点的文化，包含物质和精神两个方面。存在决定意识，由于贵州地处生态环境较为脆弱的喀斯特地貌带，各族群众敬畏自然，珍惜上天赋予的生活资源，注重生产方式与自然生态的和谐平衡，有着享誉世界的农业文化遗产"稻鱼鸭系统"，与草木"认干亲"的林业等生产方式和生活形态，无不彰显人与自然的和谐共处。

贵州历史上"连峰际天兮飞鸟不通"（王阳明《瘗旅文》）的交通困局，形成了十里不同风，百里不同俗的"文化千岛"，民族风情古朴浓郁，多姿多彩，如苗族的姊妹节、芦笙舞，布依族的八音坐唱，侗族的行歌坐月、侗族大歌，彝族的火把节，土家族的摆手舞等。而600多年前明王朝对贵州的大规模开发，江南的百万汉族移民以屯军、屯民的方式来到贵州，形成数百年的屯堡文化，至今成为明代文化遗存的奇迹。可以说，正是青山绿水与多民族的和谐共存构成了今天多彩的贵州。

我们这套书以大专家写小丛书为特点，以轻松阅读获取知识为目标，以直观图像结合想象力发挥为手段，采取宏观叙述与田野案例穿插叙事的方法，力图写成民族历史文化的故事书，内容虽然通俗易懂，生动有趣，但都是以坚实的学术研究为基础的，能够让读者在愉快的阅读和浏览中获取正确的知识。

"黔山秀水，神秘夜郎；多彩民族，千岛文化。"这是书系力图展示的贵州形象。愿书系成为我们大家了解贵州、欣赏贵州、热爱贵州的一个窗口。

《贵州世居民族文化书系》编委会

目 录
Contents

1 / 引 言

3 / 大地凿源脉

3/ 彝族始祖希慕遮的传说

10/ 彝族创世说

17/ 实楚、乍姆，两种丧葬文化的分流

22/ 从"夷"到"彝"，不同历史时期的族称

26/ 从巴底侯吐到可乐洛姆，彝族的发祥与迁徙

32/ 从西南彝君长到方国土司，彝族社会的变迁

40/ "则溪制度""九扯九纵"，严密的宗法体制

45 / 瑰宝耀中华

45/ 布摩，人神之间的使者

51/ 摩史，谱写宣诵历史的大师

53/ 彝族女土官，巾帼的风采

60/ 古彝文，世界六大文字之一

62/ 彝文古籍，承载着数千年彝族文明史

79/ 十月太阳历，一把开启古代文明的钥匙

81 / 着装见气节

81/ "英雄结"与凤冠

84/ 披毡与"查尔瓦"

87/ "头帕"与"百褶裙"

90/ 勒拍勒启与乌蒙"四柱"装

93 / 乌蒙同欢庆

93/ 篝火照亮火把节

97/ 载歌载舞庆彝年

101/ 百草坪上赛马节

105/ 传统竞技磨磨秋

107/ 吉祥秋千荡恋歌

110 / 世居峰岭侧

110/ 大屯土司庄园

113/ 水西九重衙门

117/ 乌蒙高山民居

119/ 彝家古都可乐

122 / 彝味待客情

122/ 请客不离"坨坨肉"

124/ 交客共尝"八卦鸡"

126/ 待客奉上"罐罐茶"

128/ 敬客请品"老咂酒"

131 / 花海尽歌舞

131/ 撮泰吉，戏剧的活化石

135/ 阿西里西，荣登教科书的彝族民歌

138/ 铃铛舞、海马舞，古朴雄浑的祭祀舞蹈

143/ 咪古歌舞，"比一头牛的毛还多"

157 / 婚丧尤独特

157/ 婚嫁，始终用歌完成的仪式

161/ 丧葬，人生道路的演示

166/ 信仰，把祖宗放在第一位

170/ 禁忌，民俗与文化的记忆

174 / 山水连天宇

174/ 支嘎阿鲁湖，中国古彝圣水

177/ 百里杜鹃，索玛花开映彩霞

180/ 草海，千年传说中的"高原明珠"

182/ 板底，魅力彝乡

184 / 参考书目

185 / 后记

引言

　　商周之际，一个被彝文文献称之为"武僰"的彝族先民族群，筚路蓝缕、以启山林，行走于盘江两岸，拓土于乌江流域，蹚过古卢夷国、朱提国和夜郎国的记忆长河，演绎出贵州高原底蕴深厚的古老文化。从春秋到战国，历经"洪水泛滥"的洗礼，迁徙使居地的变迁，族群的再度整合，"羁縻蛮""乌、白蛮""卢鹿蛮"的你来我往，基础的奠定和夯实；历史翻开汉唐部分的那几页时，罗甸王、罗施国（罗斯国、罗施鬼国）、罗殿国、阿者国、毗那国先后或同时活跃在今贵州的历史舞台上；元明至清初，这些藩国的继任者摇身一变成了贵州（水西）宣慰使、普安路总管或普安州土府等土司。水西宣慰使一家，单从罗甸王经罗施国、阿者国到清康熙三十七年，其政权世袭长达1474年，创造了世界政权世袭史之最。维系这一政权制度的根本纽带是其成熟和完善的宗法制度，而一直长期存在着的祖（君）、摩（臣）、布（师）三位一体政权结构则是宗法制得以贯彻延续的保证。掌握着祖宗祭祀宗教话语大权的布摩，在参政议政、从事宗教祭祀活动之余，凭借掌握祖先创造的古老文字这一优势，记录谱牒，修编历史，记录下浩如烟海的典籍，体裁丰富的创世与传说，时时唤起对已逝历史和文化的记忆，不断地积累并丰富着底蕴深厚的文字文化，展示出绚丽多彩且独具特色的民族历史文化。

　　在祖宗崇拜这一核心宗教的支配下，恋歌《曲谷》、嫁歌《阿买恳》、婚歌《陆外》、丧歌《恳洪》与布摩的诵经唱和，形成"比一头牛的毛还多"的乌蒙长歌，民族风情如诗如画。

观天象，定历法，十月年，火把节，历史文明耀中华，后世尽享祖先留下的历史文化遗产。

生存和居住在"天上草海"的周边，活动在"地球彩带，世界花园"里，承接"洞天湖地"的灵气，修"九层宫衙"，筑草木瓦屋、一颗印，各有千秋又相得益彰，与自然和谐相处又物尽其用。独树一帜的服饰与周边的杜鹃花、油茶花、甜荞花融为一体又交相辉映，构筑出又一道靓丽的文化风景线。

咂酒迎宾、罐罐茶、坨坨肉待客，歌声留客，是热情好客的永远的话题，也记录在布摩的彝文经书里。

初写经书的时代，布摩用火塘边堆放的松明块照明，光线比菜油灯强许多倍，布摩的书写速度也加快了。家人、徒弟、旁观者受到启发，他们点起比松明还亮的火把，布摩写下了卷帙浩繁的经书。

在《华阳国志》中，布摩经被称之为"夷经"，就是今天的"彝经"。布摩彝经承载了彝族的历史，彝族的文化。火把继续照亮着布摩彝经，继续照亮着布摩彝经的传承，布摩彝经留下了神话，更留下了史话。

大地 DADI
ZAOYUANMAI 凿源脉

● 彝族始祖希慕遮的传说 ●

希慕遮是彝族经历漫长的哎哺时代之后出现的具有标志性的男性始祖，在他之前有"道哎哎—哎恒恒—恒希慕"的3代连名，他之后，到清康熙三十七年（1698年），有连续不断而连接水西的116代父子连名谱，加起来共有119代完整谱，水西父子连名谱是彝族谱牒的代表，父子连名是彝族历史纪年的依据。

希慕遮传到笃慕是31代，多部彝文文献古籍提到笃慕以前的传承代数，《西南彝志》和《彝族源流》两部书，记录"哎哺九十代"时期，哎哺的23组连名谱，其中有20组谱的连名满10代，3组分别为9、8、7代连名。

希慕遮之前的哎哺时期，哎哺氏族在氏武吐、诺斯易、史摩魁的带领下，发明使用了火，由哺额克兴起了农耕和畜牧，史摩魁氏族最先疏通了纪主、洗亚、觉主、色史、假沐、府富、富白、纪节、鄂纪九

《西南彝志》的原本片段

彝文《布慕遮谱录》片段

哎哺

"哎哺"可以理解为影子,影像,灵魂,万物的根源;物质运动的基本形态的思维界定符号,彝族的八卦名,相当于代表天地另一种说法的乾坤,日、月、星、云、风、雨、雪、雷、电,动物、植物等物质的基本组成元素,自然界中万事万物的本源。在对人的来源记忆追溯里,它是最先出现的两组原生人祖氏族,由哎和哺的结合,产生繁衍了采舍、哼哈、则咪、目确、武侯、律娄、恩索、尼能、什勺、慕靡、武楚、举偶、六祖等众多次生人祖氏族(参见毕节市彝文文献翻译研究中心162号藏书第95页);产生了则咪、娄苦姆,列洪耶、武娄娄,侯朵朵、丕苦姆,立洪耶、布楚等一大批先圣,树立了有关寿命、福气、精神、力量、智力、才能、势力、威望、地位、命运、机遇、生气、前进、发展等的主宰神,区分出了司署、鲁朵、斯里、迷觉、撮泰、策帕、塞迟等邪神和鬼类的先祖。

条大河,举祖和署府用树作工具记年,用石作工具记月,发明使用了历法,哲咪氏族首领率"娇女织锦帛,健男冶青铜",相传够斯艺在这一时期创造并使用了文字,所以哎哺氏族的大部分部落智者都在"心里想知识,手里写知识,口里讲知识,眼看手来写""描绘九星野,画天上星图""写卷卷天文,成千的天文,上万的地理""哎哺举奢哲,深思后发言,不停地讲述……恒颖阿买妮,不停地书写,九十卷贤文,流传在世间"。《梼易》一书就是阿买妮传世的代表作。这个时期盛行知识崇拜,举奢哲和阿买妮荣登知识神和智慧神的宝座,文字使用与文献形成便由此开始。祖宗崇拜的需要,父子连名记谱的起源,开启父子连名记谱的新河。哎哺发展的鼎盛时期,祖(君)、摩(臣)、布(师)三位一体的政权制度兴起,一种传承数千年的政权制度从此创立。策举祖是君长的始祖,诺娄则是臣子的始祖,举奢哲是布摩的始祖。哎哺的时代,彝族已进入古代文明阶段并基本完成由母系到父系的社会转型。哎哺是彝族的总源,由哎哺派生的各部落是彝族的支流。在哎哺中同时脱颖而出的鲁朵、尼能、什勺、慕靡、举偶六祖各先后代表着一个时期。

　　首先，尼能氏在尼米举勾的地方崛起，尼能氏的活动范围在今四川省的成都平原到川西至云南的洱海周边一带，以尼米举勾的能沽洛姆（今四川成都一带）为中心，为汉文献中所记的"夷人大种曰昆"的族群。尼能是尼氏族与能氏族的合称，尼能时期巩固和完善了父系社会制度，在政权体制上，形成了高于君、臣、师等次的米（天子）政权体制（尼能氏的最高统治者称"尼米"），建立了米、祖、摩、布、够、喽啥、卓着（相当于帝、君、臣、师、匠、士、民）七个等级构成的等级制度。汉文献记录的"夷"实为"尼能"的"尼"与"能"的同音异记，"尼"在古汉语里与"夷""宜"相同，"能"和"夷"同样是近音。彝人自称"尼"或"能"，汉语里记音都是"夷"。尼能氏活动的"尼伟""尼比"在今天的四川宜宾一带，"能沽"在今天的四川成都一带。

九只脚尼能

　　与尼能氏平行并列崛起的一大古夷人族群是哎哺形成的鲁朵氏后裔的武僰氏。武僰氏的活动与尼能交叉，而延伸到今贵州的西北部和中部与云南省的东部到东北部一带，以支嘎阿鲁、仇娄阿摩——朱提为代表，有武陀尼、武色吞、武蒂、武濮、古笃、武德本等亚族群共同组成号称"七勾则"的古夷人族群，"西南夷"君长中最大的古夜郎、古滇国王室出自这"七勾则"当中。尼能的君长名叫"尼苦姆"，"苦姆"音转为"昆明"，所以，古代的贵州威宁、四川的盐源及云南的昆明一带地名都先后被称之为"昆明"，住民被称做"昆明人"。

什勺

什，勺，即什勺氏，或作习索、实勺、什叟、神勺、蒱蜀等，由哎哺繁衍而来，曾是彝族历史上第三个时期的代表，什勺氏族与尼能、举偶、武僰、慕靡等氏族都同时起源于哎哺，并平行发展，在历史舞台占据主导地位的时间同样有先有后。什勺氏的发祥地是滇西的点苍山麓，洱海周围，并长时期分布在这一地域。根据《罗纪（阁）源流》的记载，什勺氏是南诏王蒙氏直接的祖先，从什獸采一代分支。什勺氏在滇西一带繁衍分支出了格踏部（汉时的蒱唐部），毕待鲁部（哀牢夷、以沙壹为代表），支嘎阿鲁的长子阿鲁洪吐分支后亦进入了什勺的领地，还最早使用了"张"这一汉姓，作为勃弄睑的睑主出现在彝族历史的政治舞台上。即"六祖"分支后，"六祖"的十五支长子先后迁徙到了滇西与什勺各个分支的格踏、毕待鲁部等组合为目确舍集团，以"确舍""恒支"的名称出现，"恒支"（可译作八诏），在彝文经书中，"恒支"往往与"六祖"平行出现。

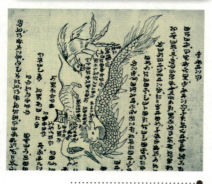

《宇宙人文论》片段

尼能氏在尼伟、能沽等地方发现并栽培茶叶，种桑养蚕，纺织丝绸，在种植荞子的基础上，尼察舍一支发明了水稻的栽培种植。尼能时期以帝、君、臣、师、匠、士、民命星座名。尼能氏已有40代可连名的谱，在祖宗崇拜的活动中，盛行雕塑偶像来供奉。

随后，什勺氏在代吐博略（今云南大理苍山周围）崛起。什勺时期，彝族以祖先崇拜为核心的原始宗教体系已经完善，在这一时期虽还保留以制作偶像供崇拜为主的形式，但更主要的是注重善死者的个体亡魂，兴起并完善了丧祭习俗与制度，《丧祭歌》上说：什勺时期，人不会生老病死，每家人都十多代以上居住在一起，人老以后，经过很长时间，像蛇一样蜕皮后即返老还童，又生存下来，不过在还没有返老还童之前，挺难伺候，要把各家的老年人背到打麦场晒太阳，下雨时要把坐满七个场坝的老年人往家背，十分麻烦。一天，什勺家上点苍山打猎，从远处射中一像是猿猴之物，走近一看，哪是什么猿猴，所射之物戴着祖人的头饰，耳朵上穿着先辈的耳坠，什勺为了弥补自己的罪过，于是为被射死的先辈举行隆重的丧祭，唱的丧歌、跳的丧舞惊扰了天上的举祖，举祖先后派出鸦和狐两使者，都未能详查，最后又派出的苍蝇使者查证，什勺家确实为其先辈举行丧祭。举祖震怒，降下了病根死种，从此人会生老病死，什勺也传下了丧祭的习俗。活动中心在彝文献称待吐博略的今云南省大理一带。什勺氏相连的父子连名谱有45代。在丧事祭祀或祖宗祭祀活动仪式时，点祭的尼能、什勺、米（慕）靡、六祖、德布（毕）等，都记录在《彝族源流》《布摩丧祭大经》等书中。《西南彝志·天地亲路断》《彝族源流·天地交恶》《诺沤苏》的记录中，如德布氏从米克克传到第七、八代时，因同"上天"交恶，在尼米举勾，尼能迁走了；在待吐博略，什勺迁走了。由于没了开亲处，德布就同德施家开亲。历史在变迁、政权在更替，但在传统文化的传承上，什勺氏在待吐博略（今云南省大理一带）兴起各种丧事祭祀的礼俗仪式，都被一代又一代地传了下来。什勺氏实行尼能氏相同的政权制度，也盛行雕塑偶像来供奉。什勺的主要活动中心地代吐博略别称"什米嘎娄"，什勺氏在其著名君长什阿武和勺默遮的主导下，由什奢哲、勺洪额两位布摩圣人建立和完善了祭祀制度，并发明制作出铜鼓、芦笙、口弦、月琴、编钟、笛、箫、唢呐等乐器。什勺氏从什默采到南诏末期，可连名的谱写有 76 代，从事手工业的匠人作了专业化分工，著名的石、木、陶、铜工的名字开始录入彝文文献。什勺后裔传至公元前 8~ 前 6 世纪，有位叫什俄纪优的君长与笃慕齐名，什勺传人的一支为后来的南诏族群的主体，汉文献出现的"寯""叟""施顺"等人群是什勺的后裔。

随着什勺氏在代吐博略地方的崛起，慕靡氏也在同一地域的妥米纪抽（又称"娄慕密尼"）崭露头角，从史道哎传到第四代希慕遮时，成为第一代开国的"慕"（帝、王），传承 31 世到笃慕，希慕遮和希堵佐及其后代并列为慕靡氏。慕靡王朝的王室由慕靡，又称"恒特"和道朵、撮、笃四大氏族轮流把持。慕靡"恒特"传 14 世到皤娄道时，"米靡氏乏嗣，向道朵继子，道朵氏十子，做米靡十君，恩傲的十子，做米靡十臣，布楔的十子，米靡十布摩"，"尼苦姆之女，叫苦姆舍楚，是道米能氏，九弟兄之母。长为道仇诃，兴起君长制，幼为道米能，传下六祖根。道米能有九子，迁到水边住，三支骑青马，穿青色衣服，三支骑红马，穿红色衣服，三支骑黄马，穿黄色衣服，打开雾霭门，打开霪雨门，飞往恒举叩，建造华丽屋，扶持德施氏，将德毕继举偶，在麻列俄嘎，练善战本领，就是这样的。道生舒九支，分布天地间，八支发展武氏，或发展啥氏"。"道氏分九支，长支继王位，幼为道米能，传下六祖根。"道朵氏的继承王位，慕靡王朝内部第一次产生了大的分化，发展为"武"氏或"啥"氏的八支，习俗与慕靡氏产生差异，

请恒阿德的传说

在鸟类中带冠的雉鸡说它能到天上见到恒阿德，雉鸡说："武洛撮这人，叙谱建基业，盼着恒氏你。"恒阿德不耐烦地告诉它："你们在那里，难道无君臣，难道无布摩，连你这鸟类，来把我逼吗？"火中取火炭，按在雉鸡脸上，从前按下的迹印，到如今还在。雉鸡无功而返，桃树下野鹿表示能把恒阿德请来，结局和雉鸡一样，恒阿德随手抽佩剑，在野鹿身上点下斑斑迹印，从前点的印，到如今还在。鸟类和兽类都靠不住，虫类中的蜘蛛最后自告奋勇，从苍天之涯，经过吐局哎，径直上堂琅，找到恒阿德。对蜘蛛，恒阿德同样用对付雉鸡和野鹿的办法，他抽出刀把蜘蛛六刀砍做三节，把蜘蛛头丢树上，尾丢石头上，腰丢到水中。这样做过后，恒阿德夜里失眠睡不好，白日慌张心不安，在树下也惊，在石上也慌，站水中也冰，尤其是脚跟中了邪站立不稳。知道是砍了蜘蛛的原因，就从树梢寻得蜘蛛头，石头上找得蜘蛛尾，在水中却找不到蜘蛛腰，就以头尾相接，用丝线绾做蜘蛛腰，蜘蛛从此没有了腰。从前绾过的，一直留到了今天。

用不同的旗帜颜色把自己与慕靡氏区分开来。到第17世即道米能的孙辈时，分为仇雅素、仇雅奢、仇雅趋、仇洛勒、仇雅额五大支，除仇雅素继承王位，其余四支形成了称“额索”的举偶氏。19世的索阿陡“生七个儿子，两个绾青髻，穿青色衣服；两个绾红髻，穿红色衣服；两个绾黄髻，穿黄色衣服。一个绾白髻，在米古法恒，做吃人鼻祖”。还生了四个庶子，“布恩与勒额，默遮和撮叙。不牧而穿皮，贪得无厌。不种而吃香，不耕而食，依然不满足。在米古罚恒，做吃人鼻祖”。慕靡氏在短短的六代里，产生了三次大的变异。传承到第25世时，大阿武过继恒特氏恒珠僰为子，“天君铺仇诃，继子大阿武，取名阿武僰，先称恒珠氏，又称沽珠氏，后称阿武僰，就是这样的”。慕靡的王位又回归到恒特氏。阿武僰的阿武偬、阿武确、阿武舍三个兄弟分支分别形成侯、够、鄂莫三大部族，为慕靡王朝的第四次分化。慕靡传29世，到武洛撮的撮氏继位，他的兄弟氏族“武珠十二子，十一渡过泰溢河，独留武洛撮。”渡过泰溢河的十一支兄弟氏族纷纷改变了“夷”俗，动摇的武洛撮也不想守住慕靡氏的底线，他也耐不住寂寞，过了半个月，说他也要变化，还作了一些准备，遇到诺师颖劝阻才勉强留下。在笃佐能甸，叙谱建基业，祭祖立基业。天地间祭祖的首席大布摩祭司恒阿德在举行仪式时因未能满足心愿，一气之下径直经过堂琅，到了天上叫吐局哎的地方。诺师颖多次说情仍不奏效。叙谱祭祖建基立业的事非恒阿德莫属，为恳请他，蜘蛛以牺牲性命，被砍做三截而失去腰部的代价，请恒阿德前来祭祖，并制订传承至今的三、六、九代祭祖的典章和治国安邦的法典，慕靡的王位才由武洛撮承袭下去。慕靡的第30和31世王位是由笃氏继承的。慕靡31世王笃慕有蠹笃雅吐（始楚）、笃洛我（乍姆）、恒彼余、投毕德、笃武古、笃妥鄂、笃直古、笃叟厄、笃阿古九大支笃氏兄弟氏族。在后来的"洪水泛滥"中，人数最多的笃叟厄、笃阿古氏族遭到灭顶之灾，笃妥鄂传的鄂莫氏也与笃慕后代的"六祖"兵戎相见。慕靡的中晚期，列国林立，有尼能（昆明）属国、什勺（哀牢、巂叟）属国，有慕靡系统的九大"笃国"，新崛起的武僰十六国，武僰系更早形成的"卢夷""待（滇）"等国。慕靡王室是象征性的宗主。慕靡的中期，布摩文化高度发展，以布僰为首的十大布摩文化学派形成，规范了文字，由支嘎阿鲁统一了历法，以动物命名二十八宿星，慕靡的地盘用八鲁旺（卦）分野，地分九幅，中央称"鲁补"，又叫"诺濮"，居住在"诺濮"的人称"诺素"或"尼苏"，查勘东南西北，给山冈、河流、湖泊、森林命名，并录入典籍。治国安邦的思想言论入典，以祖宗崇拜为核心的三、六、九代祭祖活动制度化。慕靡王朝的发源地称之"妥米纪抽"，又作"尼米嘎娄"。"尼米嘎娄"又作娄姆密尼，《爨文丛刻》和《贵州大方彝族指路经》载："这娄姆密尼，如同姨妈亲，又似姑表亲，外民族称它，叫蒙纪陇卷，彝家人称它，叫点苍实溢。"尼米嘎娄即娄姆密尼，系云南大理苍山脚下大理坝子的统称，是什勺和慕靡氏族的有文献记录的发祥地。慕靡这一名称至秦汉时出现在汉文典籍中，司马迁在《史记·西南夷列传》中记有"靡莫之属、滇最大"，"靡莫"是慕靡一词在不同古彝语方言中的记音异写。

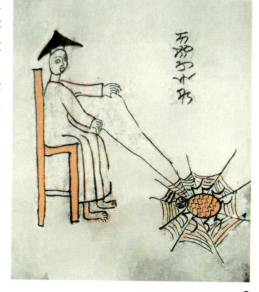

蜘蛛请布摩

● 彝族创世说 ●

线纺经纬、编织天地

在彝族的创世传说中，天地是编织出来的，九千女与八万男造天造地是第一种传说；九千女、八万男与蜘蛛配合织天织地是第二种传说；众人（神）配合用织布的方法织天地是第三种传说。

九千女与八万男造天造地。"上古九千女造天，八万男造地，好不容易记清楚。且家的尼独努，舍家的尼喜以，尼家的尼查舍，能家的能博菲，从鄂莫边界内，到赤陀的楚吐地方，行祭奠礼后团聚。天上地上，有哎哺的织机，织到边上结束。哎织天心急急，哺织地心切切。尼能缀天体，什勺立天象，鄂莫安天机，赤陀搭天桥。女的装梭子，男的来装机，装机牵线如车转，设机并安插。上下纵子畅通，鹰钩踏板灵活。"

九千女、八万男与蜘蛛配合织天织地。按慕靡、什勺、尼能、斯索、采舍、鄂莫、赤陀、东南西北、中央的方位编织。

众人（神）配合用织布的方法织天地。"第一重苍天，出现的时候，六斯索来修，八拉依来理，拉天穹金线，揭青幕赤幕，上面织苍穹，下设织天的经线，一对智多仙，快速地飞着，拉上定天界，天门设在下。"第一重苍天由恒米勇、努珠洪、恒米府三位

经天纬地

动物造天地

《西南彝志》又说："男女带笑颜，鹰钩灵敏了，天梭自己动。蜘蛛网上走，被风裹着，爬到鹰钩上。东方与西方，鹰钩踏板灵活了，南方与北方，线团如鸠藤延伸，在两者之间，无暇看均匀，疾风如骑马，鹰钩如车转。蜘蛛牵纬线，风在后面粘。风声噗噗响，微风徐徐吹，风起鹰展翅，风声由它起。上下摇晃晃，余线成两节，上下都松弛，全靠风来助。蜘蛛线不牢，鹰无法帮助，全靠风来助。蜘蛛牵纬线，男女都忙碌，工匠如蝶舞。蜘蛛牵经线，绘制高天影，蜘蛛脚不停，无翅而能飞……上古蜘蛛牵经线，坐在疾风中。鹰翅如车转，在空中盘旋，好似下了雨，青线牵经线，密织如神助，梭穿如虎啸，如青雾旋绕，如水往下流，鹰叫嚷嚷，虎啸声声。蜘蛛弹弦子，蝇叫如号角，青蛇声阵阵，凡天上各处，可任意飞翔。在大地之上，可单独飞翔。坐在织天机上，用织天机织天，用织地机织地。蜘蛛牵线编织，蜘蛛转动尾，线团快速滚动，鹰钩如车转动，黄紫两绺线，青红两绺线，六方十二面。"

居住并管理。"第二重苍天，米特特来拉，米纠纠来背，纳武武来牵，三大力士来系，设八重天门"。由年迈的课柯柯和天君吐姆伟管理，由娄师颖、诺雅哺等多人居住。"第三重苍天，先架三团云线，叟博博来拉，叟蒙蒙来牵，李汝厄来织，挂在高天上，设了七道门。"由舍武武老人管理，选卧武图做他的助手。"第四重苍天，亮闪闪的鹤线，连着亮晶晶的杜鹃线，由索谷索来背，唐洪尼来牵，采莫莫来织，舍武武来挂，由地王织完。"系卧氏的君、臣、师管理，由特毕毕、毕毕哼、勾雅卧、卧妥妥、米伟舍、舍娄斗等人居住。第五重天，"华树连连长，丽藤绵绵绕，舍总佐来牵，遏斗斗来背，索巴巴来织，修天女，修地男来挂。把地修完满，设了六道门"。有审斗索、珠米祖、卧恒苏管理，舍娄斗来协助，吉诺诺、诺娄娄、帕谷谷、惹柔柔、柔柔克、克图特、克厄卧、卧毕彼、

● ⋯⋯⋯⋯⋯⋯⋯⋯
埋太阳

毕足佐、足佐周、周那那、那恒恒等人居住。第六层天："经线拉连着，纵线绵绵伸，才铺设纬线。女念念议天，议天牵天经，议地拉地线，机杼飞空中，往上修整天，才见广阔天，现宽阔大地，天女诺租租牵线，地男那哈哈织地，议定天的四方界。"由卧祖列、沽祖亥、能祖府管理，窍咪穆协助管理，由沽祖尼、咪德德、卧卧恒等若干人来居住。第七层天："在青影与红影间，拉青线红线，青的线团连连滚，牵过经线来铺设……牵经女来把线牵，线由娄师颖来牵，织地男来把地织，郎多脑来织，蜘蛛来牵线，走线团团转，牵天与织地，织完满以后，设了四道门。"第七层天织成后，大地也形成了，关于第八、九重天，是织成之后的

洗涤日月

选自《彝文典籍图录》

修整，随后山脉、河流、生物与人类出现了。

彝族的创世传说中，太阳和月亮的传说也丰富多彩。说很古很古以前，经过长时间艰辛的劳作，终于把有缺陷的天地修补完工，可是没有日月，分不清白天和黑夜。天上的工匠很会替天帝策举祖着想，他们一口气就分别修造出七轮太阳和七个月亮挂在天上，工匠够阿娄修天安星斗，阿娄阿德铺地育草木，阿德苏纳装饰华美天地，苏纳拉嘎把人的塑像打造出来。虽然如此，但还是不分天头与天尾，也不分地的底和面。后面的事，由支嘎阿鲁来完成。

最初的太阳和月亮都各有七轮。有恒斡舍一家，从恒斡舍经斡舍斡哺、斡哺斡啥传了三代。修天补地和安装日月都由他家一手操办。这时，太阳一共有七轮，它们是：吉翁哺、翁哺尼、尼阿衡、衡阿呗、呗阿惹、惹阿措。有时候一连好长时间见不到它们的身影，一旦出来，七轮太阳又一同挂在天上，把所有的动植物都晒死了。月亮一家也有七弟兄，它们是：洪咪旺、咪旺律、律妥妥、妥阿斗、斗阿娄、娄阿鲁、鲁洪博。月亮家也学起太阳家那一套，把世间的水全都吸干了。正因为如此，策举祖天颜大怒，把领头的吉翁哺和洪咪旺送出宇宙外，又捉拿五轮太阳和五个月亮到米雅洛恒山深埋下去，只留一对年幼的太阳和月亮供照明。

人们洗涤太阳和月亮，使它们放光。天地形成后，世间出现了一对地龙，白日叫嚷嚷，把太阳惊吓，太阳不敢出来；夜里发声阴惨惨，把月亮惊吓，月亮也躲着不敢出来。叫恒卧蒙的神人，先后捉了两条地龙，分别锁在北边的黄海和南边的青海。太阳和月亮是先后出来了，但却放不出光来。叫斯阿卖的天女于是取来北边的黄海水洗涤太阳，取了南边的青海水洗涤月亮，太阳和月亮这才又重新放光。

太阳和月亮由人来掌控。传说宇宙的边沿住着一位叫做撮斗阿竹的人，他用掌管着的金银钥匙，一早起来打开日门锁和月门锁，放出太阳和月亮。鸡冠黄人用金银绳索套住太阳和月亮，拴在宇宙的顶上。

鹰翼遮天　虎体盖地

鹰是代表农耕文化的尚白部族始楚布摩的图腾符号，虎是代表游牧文化的尚黑部族乍姆布摩的图腾符号。

鹰虎作为布摩神是彝族鹰虎崇拜的反映，表现为对英雄的崇拜。鹰与虎，一个在天上，为飞禽之王，一个在地上为兽中之王，是除人而外的动物界的主宰，以鹰虎象征威武和权力。

根据彝文文献的记载，彝族先民把宇宙分为两极，天的至高点称"tɕ'y¹³ta'⁵⁵ndai²¹"，音为"瞿沓邓"，系上极的最高主宰策举祖居住的地方；地的最底面称"k'o²¹k'o³³nu̠⁵⁵"，音为"阔阔能"，系下极的最高主宰恒度府居住的地方。天的至高点有鹰守护，称之"鹰覆天脊"，地的最底面由虎来守护，称之"虎镇大地"。彝文的开头说："在空中，鸟无力复仇，靠鹰来复仇；在地上，兽无力复仇，靠虎来复仇；在人间，

鹰覆天脊

众人造天地

　　在彝族创世传说中，反映天地与万物的产生不源于神的创造，而是事物按自身的规律运动变化的结果，这是一条主线，在这一主线的引导下，由众多的人，即使是达到九千、八万的庞大数字，都分工负责，明确责任，编织出层层的天、层层的地。同时又折射反映了彝族先民对宇宙起源的认识过程，对宇宙的存在的想象、表达则充满了浪漫主义色彩。彝族创世传说的载体是文献中记录的史诗，反映开天辟地后，哎哺的女子织出苍天，哎哺的男子织成大地，神异的娄斯颖、郎多脑、够阿娄、葛阿德修天补地，修造日月，安星斗、布草地，锁天锁地锁日月，锁云雾，在他们那里，日月作恶可以打坏后埋在地下，日月生污垢可以洗涤，使之重放光辉，优美的创世神话，形成了自成体系的风格，也体现出彝民族创世的独有特色。

虎盖大地

人无力复仇，靠布摩复仇，把命债讨还。"彝巫苏额的保护神中最厉害的两种动物，一是"空中的大雕"，大雕在彝语中反映的是鹰的一种，意为"大力之鹰"；二是大地之虎，山中之虎称为"dzu^{33}"，音"阻"。彝巫苏额在举行巫术活动时，都要先请神，请鹰神者念"大雕大哥啊，你快快下来，下到世间来，离了盐不咸，离了你不行！"请虎神者念"白脚黑虎啊，你快快下来，下到世间来，离了盐不咸，离了你不行！"彝巫苏额认为他的打斗对象是邪魔恶鬼，只有借助鹰虎的力量才能战胜对手。鹰虎最具图腾性，这是由它们的力量决定的，由它们的力量的象征而引申为尚武的核心标志。正因为如此，彝文文献在记录战争时，要么把战士形容作鹰虎，要么把战阵布作鹰虎形，并以鹰阵或虎阵命名。把鹰虎作为尚武精神标志，还有机地融入星辰的崇拜中，如将若干星座以鹰或虎来命名，鹰和虎，是彝族尚武精神的符号性标志。

　　彝族布摩的"洛洪"（神帽或神笠）沿下多悬两只鹰爪，布摩神的形象为灰鹰和老虎，而其中法力最大的是空中的大雕和地上的白爪虎，这两样神也被从事巫术活动的"苏额"（巫师）所借用。

　　《支嘎阿鲁王》中叙述了支嘎阿鲁王的降生故事："天郎恒扎祝是太阳的精灵，他化形为白鹤，为宇宙主神策举祖治理天空；地女奢阿媚是月亮的精灵，她化形为杜鹃，为大地的主宰神恒度府治理大地，并安排九掐脸白人把守北方，猪手黑人把守南方，鸡冠黄人把守东方，虎头红人把守西方。天郎地女为治天治地耗尽了心血，壮志未酬，但已精疲力竭，最后人老归祖，回到支嘎山。天郎恒扎祝与地女畜阿媚是世上的第一对恋人，他们相爱了九万九千年，相好如一日。一个春光明媚的早晨，天地忽然抖了三下，电闪雷鸣之后，一只苍鹰搏击在长空中，一个婴儿呱呱地降生了。恒扎祝用尽最后一丝力化作矫健的雄鹰，畜阿媚吸进最后一口气化作茂盛的马桑树。孤儿生下便失去了父母，人们叫他弃儿巴若。巴若大难不死，白日有马桑哺乳，夜晚有雄鹰覆身。"

《迎布摩》里说："觉布像猛虎，第一对青虎，第二对赤虎，第三对花虎。虎头是布摩的天地，虎血是布摩的生命水，虎皮是为布摩披毡，虎毛为布摩铺垫，虎脚是布摩的顶梁柱，虎爪是布摩的神器，虎尾是布摩的神扇。虎啸声阵阵，虎居八层地，布摩居八层地，常居于高位，今天请下凡，好向他献酒。"《迎布摩》说："斯里惧布摩，神布摩为虎布摩，虎头布摩天地，虎脚布摩支柱，布摩依托虎身，虎皮围布摩，布摩垫虎毛，虎血去布摩污，密觉惧布摩。"虎既是图腾，也是第二位主要的布摩神。《物始纪略·地上虎》里说："织锦绘虎像，绘虎有来由。尼能天地里，勺阿鲁一代，鲁让额二代，让额杰三代，杰文遮四代，文遮依五代，依武纳武六代，纳武黛七代，黛苦糯八代。黛苦糯之世，地上虎势大，一只虎主管。虎有口福，生命握在手中。

虎头红人

"虎"的传说

虎的象征色是黑色，居于地上。既是代表游牧文化的尚黑部族布摩乍姆的图腾符号，又代表了游牧文化的尚黑部族。也代表了彝族布摩文化在另一个方面的主要核心内涵。尚黑，且以虎为图腾的是自称时以"L"的声母为开头的彝族，和一部分自称时以"n"的声母为开头的彝族。

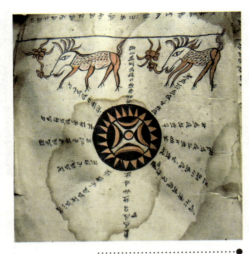

选自《彝文典籍图录》

汉文献中的"虎"

《山海经·海外北经》载："有青兽焉,状如虎,其名曰'罗罗'"。罗罗的"罗",其含义为虎,或作"鲁虏",义为"虎龙",标明远古时先民以虎和龙为部族的图腾。明陈继儒《虎荟·卷三》上说:"罗罗,云南蛮人,呼虎为罗罗,老则化为虎。"明朱谋玮的《骈雅》说:"青虎谓之罗罗。"

在高山,见它牧人喊;在平地,见它耕者吼;见它喜鹊噪,见它乌鸦叫;在深山,威势任其施。形象有人绘,绘在白锦上,挂在丧祭场,镇压司和署。知道的人说:虎掩盖大地;不知道的说:大地如虎形。是这样说的。"

《彝族源流》第5卷说:"打九种铜鹰,有翅鹰名贵,打八种铁兽,花斑虎名贵……哎哺氏后裔,鹰头青布摩,虎牙红布摩。"鹰和虎是布摩的象征。

今滇西一带,仍有自称"罗罗泼"或"拉鲁巴"的彝族,自称即是对远古先民以虎和龙为部族的图腾遗俗的直接承袭。

在凉山地区,曾经有过称为"罗罗斯"的大部落和"罗罗宣慰司"的大土司。罗罗作为以虎为图腾的遗俗,不仅反映在自称上,还反映在以彝族自称命名的行政建置上。虎的形象在西南彝区的考古发掘中也不时见到,2001年被列入全国十大考古发现的贵州赫章可乐考古中,发掘出了独特的套头葬式,套头葬用的铜釜上,就铸有栩栩如生的盘虎的造像。

● 实楚、乍姆，两种丧葬文化的分流 ●

　　彝族在历史上形成一个民族，必然经历了一个漫长的融合与整合的过程。在融合与整合的过程中，自然而然地兼容了多样性的文化，在相当长的历史时期，两元甚至多元文化一直保留着，如历史上火葬、土葬、水葬、林葬、岩葬等多种葬俗的并行就是一种多元文化的反映。然而，彝民族火葬的记录远远地覆盖了曾经的土葬和其他葬俗。

　　布摩文化是彝族古代文化的代表，而布摩文化的起源和发展都与实楚和乍姆两位布摩始祖密切相关。三部曲即生—婚—丧，人生每一部曲的进程是由个体来完成的，但都必须依照其所在族群的约定规则来进行，尤其是第三部曲的丧事，在人死后尸体的处理上，农耕族群最切实的办法是采取殡埋，游牧族群采取焚烧的办法是最妥当的。正因为如此，彝族的实楚和乍姆两位布摩始祖分别兴起了土葬和火葬两种有代表性的葬俗。吐实楚与那乍姆一道，系慕靡时期布摴布摩十大流派之首，实楚与乍姆两位在布摴布摩流派中的成就最高。实楚以"天、白、濮"（一种祀祖习俗）为标志符号，兴起土葬，并同乍姆一道，制订"埋（土葬）的不能烧，烧（火葬）的不能埋"的章法。乍姆以"地、

威宁古乌撒向天墓葬

黑、诺”（另一种祀祖习俗）为标志符号，兴起了火葬。彝族古代土葬之俗由吐实楚兴起，火葬之俗由那乍姆兴起。正是远古的慕靡时期，同出一系的以实楚、乍姆为代表的两种丧葬文化实现了分流，出自笃氏家族的吐实楚，其谱系为笃雅吐—吐实楚—实楚姆—楚姆哺—哺雅确—确恒奢—奢雅舍—舍雅啥—啥雅武—武雅僰，计以10代下传。实楚、乍姆、笃勒、笃慕、笃叟厄、笃武古等，均出自笃氏一族。出自笃氏家族的那乍姆有笃洛我—洛我鲁—鲁尼乌吐—乌吐苦—苦雅那—那乍姆6代谱系。在古代彝族的笃氏传人内部，黑与白代表着两种文化，代表着两种符号即标志。白，是农耕文化群体（部族）的代表标志；黑，是游牧文化群体（部族）的代表标志。土葬习俗由吐实楚兴起，火葬习俗由那乍姆兴起，且始于同一个时期。吐实楚，又称之“恒实楚、濮实楚、布实楚”等；那乍姆则别称“投乍姆、诺乍姆、僰乍姆”等。恒，义为天。投，义为地。濮，土地神中司农事有关的神。诺，土地神中司牧事有关的神。十大毕摩学派的两大鼻祖，慕靡时期慕靡王朝的首席大布摩布与僰，从父子连名谱上推断，距今已有160代，按每代平均25年计算，也就是4 000年的历史。彝族中的白系统习土葬之俗，是与其生产生活方式、空间环境等密切相关的，作为农耕部族，居住相对

汉文献记载的彝族葬俗

《荀子·大略篇》：“氐羌之虏也，不忧其系垒，而忧其不焚也。”《吕氏春秋·义赏篇》：“氐羌之民，其虏也，不忧其系垒，而忧其死不焚也。”《墨子·节葬下》：“秦之西有仪渠之国者，其亲戚死，聚柴薪而焚之，熏上，谓之‘登遐’，然后成为孝子。”《列子》载：“秦之西有仪渠之国者，其亲戚死，聚柴积而焚之，熏则烟上，谓‘登遐’，然后成孝子。”《太平御览·四夷部》引《庄子·逸篇》载：“羌人死，燔而扬其灰。”引《永昌郡传》（卷五六）说：“建宁郡（滇中至滇东）葬夷，置之积薪之上，以火焚之；烟气正上，则大杀牛羊，共相劳贺作乐；若遇风，烟气旁邪，尔乃悲哭也。”樊卓在《云南志·蛮夷风俗》中说：“西爨白蛮死后，三日内埋殡，依汉法为墓……蒙舍及诸乌蛮不墓葬，凡死后三日焚尸，其余灰烬，掩以土壤，唯收两耳。”元大德年间李京《云南志略·诸夷风俗》条说：“罗罗即乌蛮也，酋长死，以虎豹皮裹尸而焚，葬其骨于山，非骨肉莫知其处……自顺元、曲靖、乌蒙、乌撒，皆此类也。”《景泰云南图经志》卷二介绍罗雄州说：“州多罗夷，死无棺，其贵者用虎豹皮，贱者用牛羊皮裹尸，以竹箦舁于野焚之，会亲友，杀牲祭享，弃其骨而不收。酋长及富者，则令婢看守，长者二三月，幼者月余而止，藏其骨，非亲人莫知其处。其罗罗散居各处者，其俗亦同，非特次州然也。”

知识与智慧神符号

固定，热衷于对土地上的农作物的经营，人死后对尸体的处理更依附于所居住和经营的土地，又有方便的工具掩埋和处理尸体，因而积习成俗。而彝族中黑系统习火葬之俗，反映出其游牧部族的特征。火葬习俗为游牧部族所青睐，同样是与其生产生活方式、空间环境等密切相关的。作为游牧部族，处于"勿常处、随畜迁徙，逐水草而居"，居住没有固定下来，他们通常只拥有牧具，特别是武器，人死后缺乏掩埋尸体的工具，对尸体的处理莫过于用火焚烧后抛弃最为方便，也一样的积习成俗。彝族中黑系统习火葬之俗，如同羌人之俗，即"忧其死不焚也"。公元前5世纪左右，分支后的彝族"六祖"势力崛起，尤其是糯、侯（糯、侯在四川凉山作"曲涅、古侯"）、布、默势力渐占上风，"六祖"中的此四个支系因崇尚黑色，故史称之为"乌蛮"。到唐代（南诏国）时期，彝族"乌蛮"势力覆盖了大部分的彝族地区，在宋（大理）时期的"乌蛮"三十七部（一作三十九部）中，至少有三十部属彝族中尚黑的系统，而彝族中尚白系统等的先民和一些彝语支民族先民所属的仅占剩下的几个部了。这三十七部还不包括称罗施

侧身直体屈上肢葬墓（可乐 341 号墓）

侧肢葬墓（可乐 350 号墓）

鬼国的阿哲部，称罗殿国的播勒部、普露静部、毗那自杞国部、慕役（今贵州关岭）部等。"乌蛮"彝族统治势力在整个彝区推广实行火葬的葬俗，但尚白系统及其他彝族支系仍习土葬葬俗。正因为如此，到了唐宋之后，尤其是在元明时期，无论"乌蛮""白蛮"，还是"黑、白罗罗（彝族）"，实行火葬的记载不绝于各类地方志等文献，如《云南志略》《景泰云南图经志》《皇清职贡图》《东川府志》《沾益州志》《宣威州志》《贵州通志》《大定府志》等。到清雍正八年至十五年实行最后一次"改土归流"时，在改土官为流官的职官任命中，塞进了禁止火葬"陋习"一条，清廷在彝区强行推行土葬，彝族又被迫改行土葬。土葬在彝区的全面推行，经历了一个比较艰难而进展缓慢的过程，乃至于在一些偏僻的地方直到清末才完成，在大小凉山地区，清廷却无法禁止，所以直到如今，继续保留着火葬这种葬俗。

　　在学术界，持彝族北来说即来源于氐羌说的观点一直占上风，羌人的火葬习俗毫无例外地被强加在不同时期、不同地域的所有彝族的头上。彝族中的"乌蛮"系统的确一贯如此，而且在焚化尸体的过程中，规定了"男用九层柴，女用七层柴"的制度。据东巴典籍《普尸董姆》记载，色阿注教会人类丧葬的方法，以男死者用九筒柴禾烧尸，女死者用七筒柴禾烧尸。从这以后纳西族初民才学会了火葬的礼仪。"乌蛮"系统实行的火葬习俗，两千多年来被过分地渲染成是整个彝族的葬俗，汉文献的记载尤为如此，使得直到如今的汉族等大多数外民族学者深信不疑，他们毫不动摇地恪守着自己的观点。因古代羌人死则焚尸，故把彝族与羌人挂钩后，整个彝民族的葬俗都被火所覆盖。对彝族火葬俗的记载，最细的莫过于《大定府志·疆土志四》，该志载："将死，著衣蹑草履，屈其膝，以麻绳缚之。乃杀羊取其皮。既死，责以覆尸。覆已，用竹席裹之。用木二，长皆逾丈，横合之以短木，若梯状。别为竹编，以柴为经、竹纬织之，广二尺许，长若梯。铺之于梯侧，置其尸于其上，男则面左，女则面右，不葬而焚。将焚，族党咸来，则为翁车，亦曰瓮车。瓮车者，高数丈，四隅各竖木为柱，覆之以草，若亭状，而可舁之以行。用布或帛，绘鸟兽花卉于上，悬之瓮车之柱，曰祭轴。祭轴广二丈余，长称之。瓮车之中置矮床，而置尸及梯于上。瓮车次之，又有一架，鬼师披虎皮坐其上，作法念咒，谓之作夏（应作作嘎，原文音字皆有误）。杀一豕，令人负之，随死者之子哭泣绕瓮车三匹，群媳披袍立于其旁而哭泣，朝暮行之，即是朝夕奠也。瓮车行，会者千人，披甲胄驰马若战状，骑者前，步者后，瓮车居中，死者之子随瓮车，皆骑马。别有魂马，魂马者，备鞍鞯而空之，置之瓮车前，若古之魂车也。又令数人负死者平日用器，随魂马之后，盖亦古陈衣服之意。丧行前，吹长筒喇叭为号。之焚所，又有跳脚之俗，将焚之前，姻党群至，咸执火以来，至则弃火而聚其炬于一处，相与携手，吹芦笙吹唱达旦，谓之跳脚也。及焚之日，鬼师祝告，椎牛数十头以祭。凡焚必先择地，择地之法，以掷鸡子于其所而不破者为吉。得吉，筑土为台，高二尺许，覆大釜于其上，聚柴为九层楼，舁尸至其上，横陈而侧置之，男

选自《彝文典籍图录》

面南而女面北。已，乃举火。既焚，以麻布为帐覆之，守之三日，乃去，焚余及其灰不复掩葬也。子婿之送翁丧也，牵牛负酒，率步骑数十人，各执长竿，竿悬白纸若旗，至于瓮车之侧，绕之二匝，及行，送至山。已，乃与其徒执枪向空击刺而去，名曰役鬼。此其旧俗也。"因类似的记载，以及四川凉山彝族如今仍保留的火葬习俗的影响，连现代大学者方国瑜教授也持"彝族普遍实行火葬，直到约百年前才逐渐改变"这样的观点。

● 从"夷"到"彝"，不同历史时期的族称 ●

天地形态符号

八卦与生克符号

彝族的自称或他称比较复杂，特别是他称，在不同的历史时期有不同的指称。其中"夷"这个族称，多指或全指彝族。夷的族称，以甲骨卜辞关于尸（夷）方的记录为最早。东汉许慎《说文解字》说："夷，平也，从大从弓，东方之人也。"其原始义为"负弓之人"，汉文献里先是指"东方之人"，即东夷族群，《大戴礼·千乘》说"东辟之民曰夷"，将东方偏僻地方的人称之为"夷"。东夷又有"九夷"之称，《尔雅·释地》说："九夷、八狄、七戎、六蛮，谓之四海。"《后汉书·东夷传》说："夷有九种，曰畎夷、于夷、方夷、黄夷、白夷、赤夷、玄夷、凤夷、阳夷。"这九种夷都见于古本《竹书纪年》关于夏朝与东方诸夷关系的记载。随着汉语言的发展和汉字字义的演变，"夷"在汉语中成了多义词，作为地域理解时，有"荒僻"的意思，而安在人群的头上时，有"野蛮""不开化""愚昧""落后"等意思。

汉代，西南夷为今彝族和彝语支民族的先民，如司马迁说："西南夷君长以什数，夜郎最大；其西靡莫之属以什数，滇最大；自滇以北君长以什数，邛都最大：此皆魋结，耕田，有邑聚。其外西自同师以东，北至楪榆，名为嶲、昆明，皆编发，随畜迁徙，毋常处，毋君长，地方可数千里。自嶲以东北，君长以什数，徙、筰都最大；自筰以东北，君长以什数，焾駹最大。其俗或土箸，或移徙，在蜀之西。自冉駹以东北，君长以什数，白马最大，皆氐类也。此皆巴蜀西南外蛮夷也。《后汉书》载："西南夷者，在蜀郡徼外。"《华阳国志·南中志》载："夷人大种曰昆，小种曰叟。"

　　到唐宋时代，彝族多被称为"蛮夷"或"蛮""夷"，如彝族分支的南诏被称作"蛮"。《旧唐书》载："南诏蛮，本乌蛮之别种也，姓蒙氏。蛮谓王为'诏'。自言哀牢之后，代居蒙舍州为渠帅，在汉永昌故郡东，姚州之西。其先渠帅有六，自号'六诏'，兵力相埒，各有君长，无统帅。南诏，或曰鹤拓，曰龙尾，曰苴咩，曰阳剑，本哀牢夷后。"《新唐书》也称南诏为"乌蛮别种也"。"自曲州、靖州西南昆川、曲轭、晋宁、喻献、安宁距龙和城，通谓之西爨白蛮；自弥鹿、升麻二川，南至步头，谓之东爨乌蛮。""爨蛮之西，有徒莫只蛮、俭望蛮，勿邓地方千里，有邛部六姓，一姓白蛮也，五姓乌蛮也。又有初裹五姓，皆乌蛮也，居邛部、台登之间。""东爨以言语不通，多散依林谷，得不徙。自曲靖州、石城、升麻、昆川南北至龙和，皆残于兵。日进等子孙居永昌城。乌蛮种复振，徙居西爨故地，与峰州为邻。贞元中，置都督府，领羁縻州十八。""乌蛮与南诏世婚姻，其种分七部落：一曰阿芋路，居曲州、靖州

江川李家山播种场面贮贝器

晋宁石寨山四牛鎏金骑士贮贝器

故地；二曰阿猛；三曰夔山；四曰暴蛮；五曰卢鹿蛮，二部落分保竹子岭；六曰磨弥敛；七曰勿邓。土多牛马，无布帛，男子髽髻，女人被发，皆衣牛羊皮。俗尚巫鬼，无拜跪之节。其语四译乃与中国通。大部落有大鬼主，百家则置小鬼主。"

到明清以后，"夷"的外延扩大了，《古汉语字典》解释："夷，古时指少数民族，明清以后也指外国人。"

彝族古代被称为"夷"或"蛮夷"，其中，"夷"也应该是彝族自称的汉字借音，一是哎哺的"哎"，《西南彝志》《彝族源流》等彝文文献记载，彝族在哎哺时

晋宁石寨山祭祀场面贮贝器

晋宁石寨山祭祀场面贮贝器（局部）

期有漫长的九十代，哎哺的"哎"彝语发音"yi"近"以""野""影"等，如云南省楚雄将"哎哺"音译为"夷僰"，哎哺的"哎"是"夷"的最早记音。其次是"尼能"。"尼能"是彝族的第二个历史时期，有四十余代可连名的谱系。"尼"与"能"的音也都近"夷"或"宜"，现在的彝族仍以"尼苏"（大方、毕节等地）或"能苏"（威宁、赫章等地）作自称。"夷"在《说文解字》里释读为"尼"。颜师古注："尼，古'夷'字。"蒙古族学者恩和巴图认为："'夷'（yi）又可变读为'尼'（ni），在满—通古斯语里均为人的意思。"第三，彝族先民把自己居住的地域范围以星分野，分为"东方扯扯安、安翁吐""西方兜、兜雅保""南方宰、宰拜赫""北方吉、吉报妥"八个星野即八个鲁旺。认为八个鲁旺是世界或者宇宙的中心，宇宙的中心又称之"诺濮"，居住在鲁旺范围内即"诺濮"的居民称之为"诺""尼"或"能"；鲁旺外居住的人则称为"啥"。

八卦衍生形态符号

　　中国古代的"诛族"又称"夷族"，它是因一人犯死罪而诛灭其亲属的残酷刑罚制度。"夷族"有"夷三族""夷七族""夷九族"之分，其中"夷九族"又称之"夷宗"，就是诛灭整个宗族。正因为如此，"夷族"是绝对不能作为一个民族的族称的。新中国成立后，从根本上消除了民族歧视，一律平等的各民族组成了新中国的民族大家庭，彝族需要一个统一的族称，中央建议用"彝"而不用"夷"。"彝"虽然是古代青铜器中礼器的通称，即"彝器"，但汉字字形、字意有发展和演变的规律，中央的建议得到彝族人民代表的协商通过，同意统一的族称为"彝族"，取其"彝"这个字"有房住、有衣穿、有米饭吃，有两条腿走路，与全国各族人民一道前进"的字形，表达了对全体彝族人民的美好祝愿。

● 从巴底侯吐到可乐洛姆，彝族的发祥与迁徙 ●

彝文献记载的草海

　　中央民族学院出版社出版，果吉·宁哈和岭福祥主编《彝文〈指路经〉译集》，包括云贵川三省18家支的《指路经》；四川民族出版社出版《彝族指路丛书·贵州卷一》，包括贵州毕节市5县（区）的7篇《指路经》，其中，贵州和四川的《指路经》指路路线都必须经过巴迪侯吐即威宁草海，再进入云南。

　　巴迪侯吐，是今威宁草海的彝语名；可乐洛姆，彝语意为"可乐大城"，是历史上一个时期的彝族先民的活动中心。巴迪侯吐，是历史上彝族分布与迁徙的集散地，是彝人梦绕魂牵的故土，黔川滇彝族为先人指路所必经的神圣地方。在彝族的宗教观念中，"人死留三魂，禹额守墓地，洪斗归翁靡（祖界），诺色在祠堂"，亡灵回归祖界的路，彝族布摩要用《指路经》来指导死者灵魂回归祖界。

　　《曲姐》《陆外》等歌谣和文献《物始纪略》等都记载道："阿娄阿德，修天布星斗，阿德苏纳，补地播草木，苏纳

彝族圣湖巴迪侯吐

拉嘎，把偶像塑造，拉嘎魄魄，把珠宝培育……"在贵州西南部地区，还流传着一部叫《戈阿楼》的英雄史诗，主人公戈阿楼是历史传说中的彝族古代英雄，即够阿娄。作品反映的是历史上封建王朝对彝族地区的掠夺性征伐和彝族人民顽强反抗，却借用了始祖够阿娄的名字。据《彝族源流》《西南彝志》记载：彝族腊够支系是最早同出自武僰支系的武濮所结合的氏族，也就是最早活动在云贵高原的"夷濮"族群。腊够支系，一般简称"够"，异音则作"戈"或"轨"，与"鬼"的音近，贵阳、黔西等的古彝语地名的命名同彝族腊够支系有关，如贵阳的古彝语地名作"够诺"或"轨诺"，商周时期的"鬼方"当指贵阳一带，其中的"鬼"是音译，而"方""诺"的

可乐套头葬中的铜壶立虎

可乐套头葬的考古发掘

威宁以诺印

昭通统辖堂琅印

意译，彝语的"诺（音）"，既可以理解为地，也可理解为方，"鬼方"系半音译半意译的组合。黔西等的古彝语地名作"果仲""果钟"等，完全是以彝族腊够支系的居住来取名的。到隋唐时期，彝族腊够支系的阿珂还在云南马龙、嵩明一带建立了自己强大的称之"纳垢部"的部政权。

武濮系族群与夜郎民族有着直接的联系，可乐是古夜郎国一个时期的中心或"旁小邑"。可乐一带最早的居民是庞大的"武僰"族群中的"夷濮"群体和"卢夷"系统的阿着仇部等。根据《彝族源流》《西南彝志》等彝文文献记载，早在春秋时期，在金沙江中下游、乌江和北盘江流域，活动着称之"武僰"的庞大族群，夜郎的主体民族"夷濮"即其中的分支。夷濮的群体有多个来源，活动在今贵州省的贵阳、毕节、安顺、六盘水、黔西南境内的够阿娄部族先后结合了"武僰"群体中的武濮所部族、"六祖"分支的第六支默德施氏的两大分支和古侯的两个分支，发祥于古曲州、靖州地的阿着仇部在古曲州、靖州地活动千余年，或为卢夷的阿着仇部等，都是当时的夷濮群体的组成。卢夷的阿着仇的故地又作朱提，称巴凡兀姑的今贵州威宁一带也曾为其活动中心，巴凡兀姑地与可乐仅数十公里，从巴凡兀姑经羊街、辅处到可乐，是古时连为一线的要道，正因为如此，可乐遗址中的少数民族墓葬的属性为武濮系彝族先民，这种信息由出土器物中的套头葬式与铜铃等传达出来。

根据彝文献的记载，春秋前后时期，在黔西北地区和毗连的今云南省的昭通市

一带，活动着古夷人武僰氏一支的仇娄阿摩氏，到父子连名谱的 22 代后，改称阿着仇氏（因其名演化为地名，汉文献记载的这一演化地名为朱提，音"shuchi"，接近着仇、或着赤）。仇娄的"娄"，在彝语土语中，有"lou^{21}""luo^{21}""lie^{21}"等数种发音，"luo^{21}"的音同汉语的"卢"音最近，故汉文献记作"卢夷之国"，卢夷之国在春秋时期曾参加了周武王伐商纣的战争。卢夷之国的范围主要在今天的黔西北地区和毗连的今云南省的昭通市一带，包括今四川省的宜宾、泸州两市的部分地方，当时的一个时期，今云南省的昭通市一带彝语称"吐靡"，"吐"又音转为"曲"，故云南省昭通市一带在汉文献里或名为"朱提"，或名为"曲

铜铃

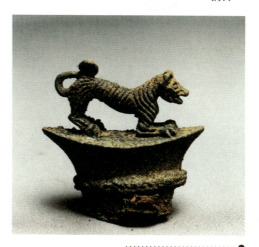

饰立虎的铜戈柲冒

州"，今贵州威宁及其周边则称"借靡"，汉文献作"靖州"。今贵州省威宁自治县炉山镇有叫"结里"的地名，同样，威宁牛棚、迤那一带的彝族《指路经》把今观风海（古称"官房海"）一带地方称作"借卓"。"曲州"这一地名来源于彝语，由彝语的"tɕie^{13}dʐu^{55}"（音"借卓"）转化而来。在公元前 6 世纪～公元前 4 世纪时期，夜郎国始进入卢夷国地。随着彝族"六祖"中各部的入黔，夜郎国灭亡，余部远逃至云南西部。阿着仇氏势弱，被秦的势力所压制，又受他部攻打，其第 27 代君长沓卢乌从今贵州威宁草海一带经威宁可渡、云南宣威迁往云南的

飞鸟形铜带钩

管形耳铜铃

沾益和曲靖一带。此事在《大定府志》中有一段叙述,《大定府志·旧事志六·乌撒安氏本末六》载:"鲁望者(今威宁城一带),昆明王所居,盖祝明(笃慕、仲牟由)长子楉之胄(实为仇娄阿摩之胄,与祝明无关),所谓乌君(仇娄阿摩之胄,阿着仇氏第27代君长沓卢乌)者也。东爨盖氏之亡也,乌君自立为王,谓之鲁王,盖本其姓,以为称。卤、鲁一也。西南人称王为望,故中国呼之鲁望也。已而内附,置为宝州。夷语讹宝为巴,讹州为的,讹都门为兀姑,故谓鲁望为巴的兀姑也。是时,巴的兀姑之部长为他蛮所逼,而南迁与存沨之东(今云南省宣威市与贵州省威宁间)。"因阿着仇被他称之"吐哦阿着仇",曲州靖州的地名被阿着仇带到当地后,即产生了合称的"曲靖"这一地名。今云南的一些彝族支系的最初活动地可追溯到黔西北地区,如石林的撒尼支,出自他们的彝族叙事长诗《阿诗玛》(彝文本)中的地名,记录的地名先从威宁草海,再到阿着地(即沾益与曲靖),然后到今天他们的住地石林一带;红河的尼苏、阿者等支系的《指路经》,将最远的指路地点指到今贵州省威宁的百草坪一带。

彝族武、乍、糯、侯、布、默"六祖"分支后,乍支系最先进入今威宁草海与赫章可乐一带,《彝族源流·乍氏谱》等载:"乍择地可道,可道与可乐。"

乍支系在可乐一带作短时的留住后，经今云南昭通一带，大部迁到凉山地区。公元前 2 世纪～公元前 1 世纪时，彝族"六祖"中的第四支即笃慕的第四子慕雅卧下传 16 代到卧侯德额，卧侯德额生九子，称之"九德额"，在今贵州省的威宁草海之滨举行隆重的"九德额"分支仪式，"九德额"中的德额罗、德额巴、德额仁、德额陀尼、德额辉在威宁草海分支后，较长一个时期活动在这一带，其中德额辉部还在可乐居住了一些代数，"九德额"的一些分支向东迁徙，到今贵州省的安顺市和遵义市等地活动，向西迁徙到今云南省的昭通市、大理白族自治州一带活动，向北迁徙到今四川省的凉山彝族自治州和泸州市一带活动。西汉末至东汉初，彝族"六祖"中的第六支系默德施氏也不遗余力地迁入今黔西北、黔中、黔西南等地，默支系发展 19 代后，由滇东北向黔西北迁徙，到可乐住下。"在直诺谷姆，勿阿纳去世。纳阿宗一家，过纪古鲁堵勾，来到了巴底。可乐洛姆，住阿纳子孙宗氏……在可乐洛姆，住纳氏四宗：长为宗毕索，庶为宗阿姆，次为宗迫维，幼为宗阿补。宗阿补一代，阿补杓二代，杓阿妥三代。在巴底妥太，妥氏有两子，妥芒布居左，妥阿哲居右。"第 20～23 代时先后在黔西北的今威宁草海和赫章可乐一带活动，勿阿纳以巴迪侯吐为中心，分其长子纳阿宗占据可乐，其 5 世孙由此分为阿哲（水西）、芒布（镇雄）二部。到第 24 代的妥阿哲（被讹为济火。济火，系妥阿哲的第二世祖）时以今贵州省大方县为中心定居下来。水西阿哲氏的父子连名谱记录和传承为彝族谱牒的典范，"凡千四百七十四年世长水西，受命于中朝，为蛮长，为罗甸王，为姚州刺使，为顺元宣抚使，为贵州宣慰使，为水西宣慰使，号凡六更，而于其国"。水西的政权体制由定格到完善，沿袭了一千四百七十四年，并一直影响着彝民族的古今分布，其政权的沿袭是世界政权史上的一大奇迹。

三国末期，"六祖"第五支系的乌撒部进入黔西北的今贵州威宁、赫章、毕节、纳雍、水城、盘县及云南宣威的一些属于其势力范围的地方，存在了 1200 余年，建立了称之"纪俄勾"的政权，辖二十四部、九大"则溪"地。一直以巴迪侯吐一带作为其活动中心，乌撒部与水西部互为依存，一荣俱荣、一损俱损，彝族各个历史时期在黔西北地区的连接不断的分布，为历史以来这一地区既是彝族的发祥地，又是彝族的主要分布地的条件提供了时空上的支撑。

● 从西南夷君长到方国土司，彝族社会的变迁 ●

公元前 8 世纪～公元前 6 世纪，彝族进入"六祖"分支时期，到战国与秦汉时期，形成林立的以"什数"的"西南夷君长"。第五支的布支系先后在今贵州安顺和威宁一带形成播勒（普里、普露静）和乌撒部，第六支默支系先后在今贵州大方、黔西、关岭、盘县、普安一带形成阿者、慕役、阿外惹部。各部都先后有从君长、方国到土司的经历。

彝族第六支系默部（汉文献归纳为"卢鹿蛮"）发展 19 代后，定居可乐。到第 24 代妥阿哲时以今贵州省大方县为中心。妥阿哲以济火的名义助诸葛孔明南征有功而被封为"罗甸王"。"罗甸王"水西阿哲氏有完整的 115 代父子连名谱传承。水西部以四十八部辖十三"则溪"，

恢复重建的贵州宣慰府

并将其方国由阿哲蔺（尼）升格为"慕俄格"。"慕俄格"的政权构建又在所有彝族方国政权中有着典型的意义。罗氏国的祖先曾被封"罗甸王"，但罗甸王的国度后来被称作"罗氏国""罗斯国""罗施鬼国"等，阿者国当时的势力范围为今贵州省毕节市的大方、黔西、织金、金沙、纳雍等县，六盘水市的六枝、水城等县区和贵阳市的贵阳城区及清镇、修文、开阳等县市，还延伸至遵义市所属的息烽县等地。阿者国的"慕俄格"勾政权结构紧密，体系发育完善。

水西在元初称为"亦溪不薛"。元世祖至元十五年（1278年）闰月，罗氏国（阿者）君长阿榨内附（水东），亦溪不薛也一同内附，立罗氏鬼国安抚司，同时管辖水西与水东，被元朝任命为宣抚使，佩虎符。至元十七年（1280年）改罗氏国地为顺元路，升安抚司为宣慰司。至元十九年（1282年），置顺元宣慰司，立亦溪不薛三路达鲁花赤，分别是亦溪不薛、阿苴、筦龙。至元二十年（1283年）七月置亦溪不薛宣慰司，分为三路土官，不久又以亦溪不薛为军民总管府，阿腻（阿里）入觐，受封为亦溪不薛总管。大德七年，罢亦溪不薛宣慰司及总管府、阿苴、筦龙各路官，徙顺元宣抚司于亦溪不薛，以阿画为宣慰使，居水西；宋阿重为同知，别居顺元。元英宗至元泰定时，降顺元宣抚司为安抚司，领二十四个蛮夷长官所，其中属于水西的八处，即木窝（慕俄格）、普冲、普德（三处为唐宋时期的姚州，今大方境）、磨坡、雷波（二处唐宋时期的郝州，今织金境）、高桥（今织金县境）、青塘（今黔西县境）、鸭水（今鸭池河，原设为汛，三处为唐宋时期龚州）。其他的有龙平寨（为唐宋时期的犍州，今遵义县境）、朵泥（为唐宋时期的义州，今黔西县境）、平迟、安德（二处为唐宋时期的禄州，今毕节境）、漕泥（唐宋时期的汤望州，今纳雍县境）、市北洞（为唐宋时期的浑州，今织金县境）等等。元文宗至顺元时（1330年）又升顺元安抚司为宣抚司，宣抚使加八番顺元沿边宣慰使的职衔，直到元末都没有改变。

明朝立国之初，大力清除元朝的残余势力，派遣傅友德、沐英、蓝玉经贵州向云南消灭小梁王巴匝喇瓦尔密，统一全国。随即设置了贵州宣抚司，从此贵州正式成为一个独立的行政区，结束了元代以前忽而属于云南、忽而属于四川、忽而属于湖广等的没有定制的历史。

明太祖洪武五年（1372年），罢除元设置的顺元为贵州，罢宣慰司，改顺元宣抚司为贵州宣抚司。洪武五年，霭翠携同知宋蒙古歹归附明王朝，明王朝仍然以霭翠为宣慰使，改赐宋蒙古歹名宋钦。洪武六年，升贵州宣抚司为宣慰司，以霭翠为宣慰使，宋钦为宣慰同知，令霭翠位居各宣慰之上，并且设置治所在贵州城内（即今贵阳），让宣慰使驻扎在省城，没有特殊事情不得擅自回到水西。从此霭翠按例向朝廷贡献方物，朝廷亦因之赐予锦绮帛钞等予以褒奖。洪武十七年（1384 年），以水西管辖区内的陇居地置毕节卫；洪武二十一年（1388 年），设置层台卫，二十七年又废层台卫，改为赤水千户所，隶赤水卫。水西的区域内有毕节卫和威清卫。崇祯三年（1630 年），宣慰同知水东宋氏起事被平定，贵州宣慰使安位起事后接受朝廷招抚，改贵州宣慰司为水西宣慰司，只统辖水西地盘。崇祯八年（1635 年），安位去世，无子承袭，朱燮元根据元朝所置三路达鲁花赤旧地筑大方、水西、比那三城，按三路所领十二宗亲之地分设十二州。崇祯十年（1637 年），又罢十二州复设置一水西宣慰司。明朝根据元设置的三路达鲁花赤三部土官的旧地，把水西分为中水、下水和底水三路。每路之下以四宗亲领之，共有十二宗亲，其下又分为四十八目，一百二十骂裔，一千二百夜所。

在两汉之间，笃慕的第 20 代孙普安部第二代祖洛迫默从德施系中分出，为普安部进入今贵州地区的第一人，由他发展了德施九大支中阿外惹部和慕役部。笃慕的第 27 代孙，勿阿洛第 8 代孙叫阿外惹，或翻译作"阿旺仁"等，生活在三国时期，他的名字成了先于矢部、再普安部、后龙氏土司的彝语部名和彝族姓。笃慕的第 35 代孙，勿阿洛第 16 代孙，生活在约唐高宗年间的阿鄂阿妥，在毗那山下叫朴濯多洪的地方，

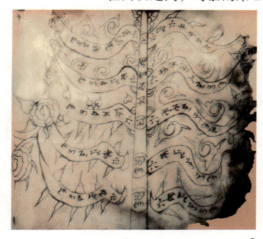

选自《彝文典籍图录》

杀百条牛行大型奠基礼仪，在毗那山上筑城，治理于矢部地方。毗那国的"毗那"，是彝语"皮纳"等的汉语记音的不同用字，"毗那"还有"皮尼山""皮能山""皮诺山""尼皮山"等记音，说明阿外惹部把中心建

选自《彝文典籍图录》

在皮纳山下，久而久之，"皮纳"即"毗那"就成了于矢部阿外惹的代名词，甚至成了国名。勿阿洛第27代孙举足额槐奠定了毗那国的立国基础。经过勿阿洛第30代孙额哲阿吉、第31代孙阿吉额苦、第32代孙额苦迫默3代王的努力，建立了今贵州西南部地区的又一蕃国。于矢普安部以毗那国的面目出现，开始了从北宋神宗熙宁七年（1074年）至南宋末（1255年）持续时间达二百余年的与宋朝马匹贸易，使其经济空前繁荣，国力日益壮大。毗那国的势力范围主要为今黔西南州的普安、晴隆、兴仁、兴义和六盘水市的盘县一带及其周边的一些地区。毗那国与阿者国和罗殿国并立，形成当时鼎立在今贵州这片土地上的三个"化外"蕃国。

　　毗那国在元至元十三年（1276年）进入土司制。"元至元十三年改普安路总管府，十四年更立招讨司。十六年改为宣抚司。二十二年罢司为普安路，属云南行省。明洪武十五年置普安府，十六年升为军民府，属云南布政司。二十二年改军民府为卫，置军民指挥使司，领乐民、平夷、安南、安笼箐四守御千户所，属云南都司，寻改属贵州都司，建文中，置贡宁安抚司。永乐元年改普安安抚司，属四川布政司，十三年改为州，直隶贵州布政司，领罗罗夷民十二部，号为十二营，谓部长曰营长，万历十四年徙治普安卫城，三十年改属安顺府。""康熙二十六年省卫入州，雍正五年改属南笼府，嘉庆二年……以黄草坝州判地设兴义县，并将捧鲊巡检及州属黄坪、布雄、捧鲊三营中，五右二里分拨县管。嘉庆十四年改为普安直隶州，以兴义县隶之，十六年仍属兴义府，改普安直隶州，为直隶厅，归西道管辖。"

　　罗殿国的建立者是播勒部。播勒部是彝族建有"格"政权的大部，

部属德布部（即"暴蛮"）、从希密（慕）遮下传，传了86代，从慕克克下传，传了55代。慕克克（簿支系）下传到第18代海邓阿仁时与其大宗的磨弥部在云南分支，到第28代时，又分做阿纠阿孟、阿纠莫德两支。阿孟传播勒的大宗普里部（又作普露、普宁），莫德为罗殿国之祖。播勒大革，据《安顺府志·普里本末》载："柏墨之长子居普里者，累传至于唐世内附，唐为之置普宁州。今安顺府南七十里羊武大寨，有土司故城，即其地也。"播勒大革当在安顺羊武一带。

播勒部的活动范围，以今贵州安顺市的西秀区一带为中心，周边含普定、平坝、镇宁等县一带。《方舆览胜·普定路》也说："蛮名普栗部（即播勒）又谓之罗殿国、领镇宁、永宁、习安三州。"贞丰、安龙、紫云、望谟、罗甸一带及今黔南州属的部分地区属播勒分支的莫德部，册亨一带又属阿纠莫德部分支的举依杜颇部，播勒及其两个分支在彝文文献中都当作播勒部看待，故在叙述举依杜颇部时，《彝家宗谱》和《彝族创世志》都说："数到这一代，样样都完备，播勒得天时，实情是这般。"《元史》是把普里和罗殿国联系在一起的。《新五代史》："昆明，在黔州西南三千里外，地产羊马。其人椎髻、跣足、披氍，其首领披虎皮。天成二年，尝一至，其首领号昆明大鬼主，罗殿王、普露静王九部落，各遣使者来，使者号若土，附牂牁以来。"《元史·志第十三·云南地理》载："普定路，本普里部，归附后改普定府。至元二十七年，初斡罗思、吕国瑞入贿丞相桑哥及要束木等，请创罗甸宣慰司。至是，言招到罗甸国札哇并龙家、宋家、犵狫（仡佬）、猫（苗）人诸种蛮夷四万六千六百户。阿卜、阿牙者来朝，为曲靖路宣慰同知脱因及普安路官所阻。会云南行省言：'罗甸即普里也，归附后改普定府，印信具存，隶云南省三十余年，赋役如期。今所创罗甸宣慰安抚司，隶湖南省。斡罗思等擅以兵胁降普定土官矣资男、札哇、希古等，勒令同其入觐，邀功希赏。乞罢之，仍以其地隶云南……大德七年，改为路。大德七年，中书省臣言：'蛇节、宋隆济等作乱，普定知府容苴率众效顺。容苴没，其妻适姑亦能宣力戎行，乞令袭其夫职。仍改普定为路，隶曲靖宣慰司，以适姑为本路总管，佩虎符。'"播勒及其各部的分布，《彝族婚歌·陆外·溯舅源》说："上为安慕役，中为毕（布）播勒，下为阿外惹。"关岭县一带分布的则是安慕役部，属于六祖中的德施系统。

唐时封为罗殿王的阿佩的别帅为滇王，是播勒（普里）系的君长，在汉文献作普里，播勒普里系上起柏墨，下至阿窝，没于明洪武十七年（1384年）。《安顺府志·普里本末》载："土知府遣其弟阿昌及八十一砦长阿窝入朝。十七年，沐英遣顾成平破普定阿黑螺师等十余砦，明年，成以土府权重，多交引夷族为奸，奏罢之，析其地为三州六长官司，而普里之传绝矣。自柏墨以来，普里之酋可稽者：惟矣资、容且、适姑、适尔、安锁、者额、及若冷、希古、阿牙、阿昌、阿窝而已。"播勒大宗的普里（播勒）部的消失是在明洪武十七年（1384年）。

播勒的一个分支名叫阿纣莫德。莫德建立了罗殿国。阿纣莫德部从笃慕下传的播勒系第28毕余阿纣的下一代分支，从播勒分支有26代，从笃慕算起，传有54代。在《彝家宗谱》和《彝族创世志》的播勒两个分支谱没有理出来时，都把唐时的罗殿国当作播勒看待，将两个彝文文献同汉文献记载比较，《唐书》和《贵州通志》都记载："文宗开成元年（836年），昆明卢鹿部暴蛮诸部鬼主阿佩内附。"《唐书》《通典》载："武宗会昌二年（842年），封阿佩为罗甸王，又封其别帅为滇王，后改普宁王。"《安顺府志·普里本末》载："柏墨之长子居普里者，累传至于唐世内附，唐为之置普宁州。今安顺府南七十里羊武大寨，有土司故城，即其地也。天宝中（741~756年），南诏叛唐……于是罗殿、普里诸部皆属南诏，文宗开成元年（836年），昆明鬼主阿佩内附，即罗殿部也。""武宗会昌中（841~846年），封阿佩为罗殿王，罗殿王之治在今贞丰东南之罗王亭。又封其别帅为滇王，后改为普宁郡王，即普里部也。其地有池居山巅，而源广流狭，有似倒流，故亦名滇。寻以其名同于建宁之滇、故仍即郡为称也。"这就明显地看到罗殿、普里各是一个部，受封罗殿王的阿佩，是罗殿部首领，《水西安氏本末》和《普里本末》都说罗甸（殿）王治在贞丰罗王亭。普里部则是罗甸（殿）部的别帅，受封的是滇王。受封的是滇王即播勒本部君长，而阿佩则是播勒（普里）分支的阿纣莫德一支后裔，阿佩即阿纣莫德的第五世孙。阿纣莫德部，即唐宋时的罗殿国，其中心在今贞丰东南之罗王亭，其势力范围在今贵州的贞丰、安龙及其周边的黔南州的部分地方。罗殿国时而附唐，时而又附南诏，又以彝族同姓相扶和联姻的血亲作支撑。在阿外惹于矢部和罗殿国的关系上，他们是世代联姻的血亲，具有"相扶"的义务，在危难时刻，他们以相互依托来共同生存；在利益面前，

选自《彝文典籍图录》

有时也不免相争，如在与南宋市马的时期，罗殿国和毗那国结仇，以至于阻道。元初，原普里部属地和普安部地分别作普定路、普安路同属曲靖宣慰司。

布氏 13 世维遮的长子维遮阿买传 18 代至默邓，默邓生两子葛余和阿仁，葛余为磨弥、乌撒、罗娄祖，阿仁为播勒祖。阿仁支移往黔中地区。葛余传 23 代至陡阿姆，陡阿姆生两子，长子姆阿余为磨弥、罗娄祖；次子姆默遮为乌撒祖。姆默遮之子名默遮乌撒，乌撒部名即从默遮乌撒而来。《寰宇通志•乌撒军民府•建置沿革》载："本乌蛮巴的甸地，以蛮祖名乌撒，故号乌撒部。"默遮乌撒传至第 27 代依孟德时，从滇之会泽一带跨牛栏江入黔（约在三国末年间），先以今威宁抱都一带为中心，在西凉山周围活动，再辗转到今威宁夸都一带，到第 29 代阿太阿姆（一作阿蒙，见《大明一统志•乌撒军民府•建置沿革》）时以今威宁草海一带向四周活动，并进一步拓展活动空间。到第 36 代阿那阿博时把部政权中心又移至今威宁盐仓镇一带。其时，乌撒部已占据了今贵州省威宁、赫章两县地（时间约在隋朝初年）。乌撒部传至第 48 代那周德幡（约北宋初年），乌撒势弱，德施支系的阿头、易良（今彝良）、易溪等部在阿哲（水西）等大部的强势支持下，占据并几乎瓜分了乌撒地盘。《大定府志•卷十五》称："德朴（幡）弱，为他部所并，降为庶人，其妻生子曰勒（即第 49 代德幡阿努。努、勒，土语异记），字仲甫，甫数月，避乱弃之野，土人收养之，及长，有勇略，与其故臣慕魁特直、阿迁阿租二人复乌撒土宇。"德幡弟那周阿吉、德幡子折怒与特直、阿租等若干战将为光复乌撒故土，并扩大地盘，展开了四十七次恶战，取得了四十三次大的胜仗，把乌撒部地北扩至乌蒙部地，东北至芒布地，东至水西部地，南至于矢部（普安）地。可谓拓地千里。

　　元代起，乌撒地区进入土司制时期。元朝统一西南是从占领云南开始，然后向贵州进军，先到达乌撒地区。元世祖至元十年（1273年），乌撒内附；十三年立乌撒路，十五年为乌撒军民总管府，二十一年改军民宣抚司，二十四年（1287年）立乌撒乌蒙宣慰司统辖其地。元朝灭亡后，洪武十四年乌撒地区被平定，设置了乌撒府，十五年设置乌撒卫，十六年又改乌撒府为乌撒军民府，设一土知府统领。1665年初，乌撒的土司制被消除，清康熙三十七年（1698年），水西地区的土司制也宣告完结。

选自《彝文典籍图录》

● "则溪制度" "九扯九纵"，严密的宗法体制 ●

选自《彝文典籍图录》

选自《彝文典籍图录》

贵州彝族概况

　　第六次人口普查时，贵州彝族人口共83万人，主要聚居在黔西北的毕节市和六盘水市、安顺市、贵阳市、黔西南布依族苗族自治州也有部分彝族居住。

　　彝族有自己的语言和传统文字。

　　贵州的水西作为彝族地方统治政权存在时间最长的地区，从蜀汉后主封济火为地方君长至康熙四年改土归流，前后跨越了一千四百多年。在这一千多年的时间里，水西彝族政权虽然受封于封建中央王朝，但是一直是土官统治，朝廷早年的封赐起到的只是羁縻作用，后期则增加了征收赋税和调遣军队等职能。但是水西彝族统治政权内部，却形成了一整套与封建中央王朝很不相同的政治制度。这套制度有：政权和族权合而为一的宗法制度，军事和行政合而为一的则溪制度，以九扯九纵为特征的职官制度，有着浓烈和典型的家支制度的色彩。

　　活动在云贵高原的有数以什计的彝族君长政权。这些君长政权的名称是取其父子连名谱中最具影响的一代祖人的名字为名号，如阿哲蔺、俄索蔺（乌撒）、乌蒙蔺、阿卖蔺（云南宣威等地的磨弥部）等。"蔺"的彝语原始义是祖宗的意思，政权的核心由共祭一位祖宗的有血缘关系的人员构成。蜀汉到隋唐，数以什计的彝族君长政权中，有阿哲、乌蒙、芒布、乌撒、磨弥、播勒、阿着仇、益比、麻纳、土洛、益那、阿妥洛则十二部完成了由"蔺"到"格"的升格。"蔺"与"格"的区别在于，"格"的政权核心吸纳了非血缘的外来成员，甚至于外民族的成员，水西"格"政权名叫"慕俄格"，从蜀汉到清初，在彝族内部一直延续称呼了一千四百多年，水西的"格"制度的"慕俄格"政权最具代表性和典型意义。军事和行政合而为一的则溪制度，相比实行同一制度的古永宁和古乌撒地区而言，无论巩固还是完善程度，都堪为典范。以九扯九纵为特征的职官制度，既参照了朝廷的制度，也体现出对南诏"九爽"制度的借鉴。

则溪制度是行政与军事合一的组织制度，是水西整个统治结构中最有特色的组织制度。则溪为彝语，被史志译为宅吉、宅溪、者启等，是仓库的意思，主要功能是收藏粮食、钱帛等。则溪制度流行于明代安氏兴盛时期。

为了巩固水西政权的统治地位，安氏政权统治者按照宗法关系从上至下分封血缘亲属，分割土地。其十二宗亲每一宗亲占有一片土地，形成一个统治区域，加上安氏最高统治者苴穆所占本部土地，一共形成了十三个区域，这便是水西的十三则溪。在每一个则溪的中心地区，各设立大仓库群，征收本则溪管辖范围内的钱、粮、赋税，由此而形成了十三个大行政区，统称为十三则溪。在则溪之内，各属于安氏血缘的宗亲又分割所属区域内的土地给其血缘亲属，于是形成十三则溪之下的四十八目；而四十八目又分割其土地给其下的血缘亲属，于是又形成了一百二十骂裔、一千二百夜所，这种逐级分治的统治方法，称为"土目分治"。十三则溪是水西政权的二级统治机构，四十八目、一百二十骂裔等则是第三级、第四级的统治机构，而一千二百夜所则已经是最基层的管理机构了。这就是史记所记载的"夷人所据，或箐名，或洞名，皆因险筑垒，如内地之城郭，而所属之地界，多谓之则溪，如内地之乡邑"。

则溪的基本职能是行政管理和军事备战，其特征就是行政组织与军事组织合而为一，既管军事，又管民政。因此则溪的长官有两重身份、两种职责，一是行政长官，一是军事长官，把两种职责与两重身份结合在一起，上马管军，下马管民。如此，则溪统管之下的人民也有两重身份和两种义务，既是百姓，又是军兵，平时为民，战时为兵，平时纳粮，战时服役。《大定县志·土官制》记载："每一则溪置一穆濯为骂写，而以一穆魁镇之。则溪之下，又置骂裔、奕续（夜所）以领其地，咸称骂初。其冲要处，或置二、三骂写，而以一更苴统之。苗僚寨大丁强亦为骂写、骂初，自统其兵而隶于穆濯之为骂写者。"这里所记的穆濯、穆魁、奕续等为行政长官的称呼，而骂裔、骂写、骂初等为军事长官的称呼，所以"置一穆濯为骂写"就是身兼二任、军政合一的官僚体制。《明实录·天启实录》记载水西各则溪的情况是"平时则输之粟，战时则助之兵"。《明实录·崇祯实录》则有"安氏寓兵于农"的记载。

彝文《爨文丛刻》记载，水西的十三则溪为：嘎勒，巡嘎，胧胯，的独，朵宜，迁底，六慕，惹卧，以著，化戈，苏底，慕胯，火著。（道光）《大定府志·旧事志》记载，水西的十三则溪为：木胯则溪：管钱粮阿户，兵马阿五；火著则溪：管钱粮归宗，兵马以义；化角则溪：管钱粮德初，兵马法沙；架勒则溪：管钱粮阿隆，兵马扒瓦；则窝则溪：管钱粮褒舍，兵马法胯；雄所则溪：管钱粮阿乌密，兵马密苏；以著则溪：管钱粮以苴，兵马阿布；的独则溪：管钱粮这借，兵马叉嘎那；朵泥则溪，管钱粮那威，兵马卧这；陇胯则溪：管钱粮陇胯，兵马支铺；安架则溪：管钱粮阿则七，兵马底苏。六慕则溪与于的则溪是安位贬秩、水西削地时所削的水外

贵州大方奢香博物馆 ·······················●

六目之地，管钱粮者称六慕濯色，管兵马者称慕苴骂色。这其中把管兵马与管钱粮分开，并不是说则溪之官分职为二，而是在总的军政长官之下，分出来主要职掌兵马的土目和主要职掌钱粮的土目。彝汉文献中对十三则溪的记载略异，其中有的只是译名音异，个别则有所不同。《清实录·圣祖实录》记载水西改土设流时的十一则溪为：陇胯、的都、朵你、阿架、法戈、火著、木胯、架勒、以著、则窝、雄所。六慕、于底

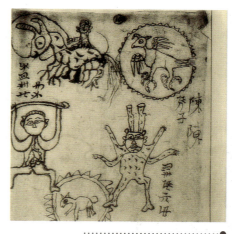

选自《彝文典籍图录》

二则溪系水外六目之地，在明末崇祯进安位削地时已经被削而设流。

康熙四年水西平定后，以陇胯、的独、朵泥、阿架四则溪设一府，建治于毗那（今织金城）；以法戈、火著、木胯、架勒四则溪设一府，建治于大方（今大方城）；以则窝、以著、雄所设一府，建治水西（今黔西城）。雍正十年割大定与平远地设水城厅。民国三十年析大定地设纳雍县，又析黔西地设金沙县。因此，水西十三则溪与今天行政区划的对应关系为：木胯则溪在大方县西北境；法戈则溪、火著则溪在纳雍县境；架勒则溪在水城县北境；阿架则溪在水城县南境；的独则溪在水城县与六枝特区毗连地区；陇胯则溪在织金县东境；朵泥则溪在织金县西境；则窝则溪在黔西县西北境；以著则溪在黔西县东境；雄所则溪在金沙县南境。六慕则溪、于底则溪在息烽、修文二县及清镇、平坝、普定三县北境。水西政权有一整套独特、完整而且具有民族特色的官僚制度，被称为"九扯九纵"。"九扯九纵"是土官制度，与流官的九卿与九品有明显的区别。

"九扯九纵"之名，明朝《万历实录》中已经有关于水西"四十八目，千五百火头，九扯九纵诸党"的记录。康熙年间平远州武举谢绾《新辟水西纪略》说，水西"分理则有更沮、木魁、濯魁、补木、器脉、备所九扯九纵之名号，统率则有骂色、木拔、黑乍之类"。《大定府志》则将这一记述中的分理者和统率者合起来，说："其官有九扯九纵之目，

九扯者，自上而下之等级，犹中国之九品。九纵者，分司掌事，犹中国之九卿。九纵之目不可得详，九扯则更苴、木魁、擢魁、补木、器脉、备所、骂色、貊拔、黑乍是也。"这个说法与事实不完全相符，给后人造成一些错误认识。彝文古籍《土目姓氏仪理论》中对九扯九纵有明确的分辨，（光绪）《黔西州续志》据此说："当各君一部之时，称君长为苴穆……其下执事之人，位分四等：曰阿牧，曰披土，曰园约，曰机那。事分九秩：曰更苴，曰穆魁，曰擢魁，三者，师保也，部为一秩。曰诚慕，掌宗祠之祭祀，修世系之谱牒；曰白慕，掌丧葬之斋醮，为一秩。均坐而议者也，位阿牧。曰诺唯，曰骂葩，言执事左右也；司文书曰慕史，掌历代之阀阅，宣歌颂之乐章，为一秩。曰骂写，曰骂初，犹连帅卒正也，司武事；曰弄余，掌礼仪而专司家务；曰崇闲，掌夫役以督农耕，为一秩。皆作而行者也，位披土。其次曰擢苴，曰拜苏，曰拜项，司阍事；曰黑乍，曰扯墨，司牲饩者，为一秩。曰项目，司器物者；曰弄都，司礼物者；曰初贤，司环卫者；为一秩。皆奔走服劳，位园约。此外，一切服役之人为一秩。秩译言司也，室也，为九室以居之，各司其事……明史所谓夷官有九扯九纵之目，郡志谓九扯。皆译讹也。"这个记述有彝文古籍所本，是符合事实的。

　　以"九扯九纵"为标志的水西土官官僚制度，是部门分权与层级统御相结合的一种特殊的组织制度，其民族特征和地域特征都十分独特，是水西政权的独创。

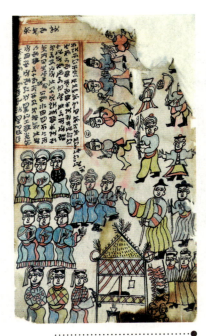

选自《彝文典籍图录》

"九扯九纵"

　　九扯九纵不能分开为九扯和九纵，它是水西职官组织的总体称呼，是同一事物的两个方面。论其职能则有九个办事机构，分别居处在九室，论其级别则自上而下分为互相统属的九个品级。两个方面结合统称为九扯九纵。

　　最高统治者称为"苴穆"，是最高的一级。总理行政的长官是"耿苴"，为第二品级。"擢魁"辅佐"更苴"，参与军机大事，是第三品级。"诚慕"掌祭祀，"白慕"掌丧葬，列为第四品级。"慕史"等是"苴穆"近臣，列为第五品级。"骂初""骂色"等官列为第六品级。"擢苴""黑乍"等为第七品级。"弄都""初贤"等为第八品级。其余普通官员为第九品级。

瑰宝 GUIBAO
YAOZHONGHUA 耀中华

● 布摩，人神之间的使者 ●

彝族布摩的产生与承袭，彝文文献《迎请布摩书》《借布摩神力》等载："哎哺出现，采舍产生后，悬索出现，目确产生后，则咪形成，武侯出现后，布摩有源头。哎哺有布摩。""尼能先形成，尼能先产生，布摩先产生，布摩先能言。"在说到布摩的传承时称："先有尼能布，尼阿依布摩。阿依武布摩，十代尼能布，首推直米赫，首推乌度额；后有什勺布摩，十代作布摩，首推什奢哲，首推勺洪额，鄂莫布十代，首推鄂叟舍，首推莫武费；慕靡布摩二十代，首推恒始楚，首推投乍姆，妥梯布二代，首推吐姆伟，首推舍娄斗。举偶布摩在恒耿，署索布摩在恒默，六祖布摩二十代，在邛佐之后，六祖无布摩，邛佐就有了。武有六奢厄，乍有四开德，糯有三蒙蒙，侯有三尼礼，毕有三莫莫，默有四赫赫，六祖布摩二十代，是这样说的。"

《彝族源流》卷十二说："哎

布摩 · 文献

　　彝族布摩是人与神之间的使者，他们通过祭祀天地及天地间诸神，对人与神之间进行沟通，通过对死者灵魂的洁净、祭祀、功过评定、解除灾难冤怨、指路，使其得以进入归宿。
　　《迎请布摩书》《借布摩神力》通常是《彝族丧祭大经》《消灾祈福大经》内必备的篇章，《彝族丧祭大经》《消灾祈福大经》是凡布摩世家都是人手一部的。

布摩的宣示

哺先为布摩，哎阿祝布摩，奢哲吐布摩。吐姆伟布摩在上，为天定秩序；哺卧厄为布摩，厄洪遏为布摩，洪遏梯为布摩，奢娄斗布摩在下，理地上秩序。后为布㵐氏，布奢哲为布摩，㵐洪遏为布摩。有布摩就有字，有布摩就有书，有布摩就有文，有布摩就有史，优阿武写文，嗇赫哲编史。吐姆伟掌文，舍娄斗掌史，布摩创文史。"

　　《彝族源流》（卷十二）还记录了布摩的传承谱系：局舒艾—舒艾氏—氏叩吐—叩吐额—额够葛—支恳那—恳那觉—觉直舍—直舍索—索勒易—布㵐阿苦—苦阿额—额额努谷—苦阿度—度俄索（什勺氏的首席布摩）—俄索阿那（在妥米纪抽为米靡布摩）—阿那乍（在恒耿洪所为举偶布摩）—乍阿伍（在卓雅纪堵为六祖布摩）—阿伍恒租（在赫则甸体为亥直布摩）—乍阿莫—莫洛略（得三十章《额咪》和百二十部《苏古》的真传）—布㵐俄—伯俄乌—乌阿那三代（"乌阿那那时，子不继父业"，可向家族之外的人家传授布摩经籍）—始楚勾—勾迫稳—迫稳布那（遂行多种仪式的分工）。根据彝文文献《彝族源流》《西南彝志》《布摩谱》等记载，布摩出现在母系社会中晚期的哎哺时期，到母系社会向父系社会过渡的哎哺后期，已基本定型，

彝族老布摩

且形成了兹、摩、布（君、臣、师）三位一体政权架构的原型，即在这一政权架构里，以策举祖为君，诸娄则为臣，举奢哲为布摩，布摩即是这种政权架构中的主要成员之一，并作为一种模式，沿袭了数千年，为区别君、臣、师这三种职能，还各取一物作象征性标志，"鹤为君、杜鹃为臣、雄鹰为布摩"。从布摩的传承上看，尼能时期有十大布摩，以直米亥和乌度额两人为代表，从事偶像的塑造与崇拜活动；什勾时期有十大或八大布摩之说，以什奢哲和勾洪额两人为代表，在点吐山里（今云南大理苍山一带）兴起丧祭制度，这种习俗一直传到现代；米靡时期有二十大布摩，以布始楚、赖乍姆两人为代表，米靡时期是布摩文化高度发展的时期，形成了十大布摩流派，到武洛撮一代，祭祖制度由恒阿德制订，以典章的形式传了下来；举偶有十大布摩，以额武吐、索哲舍为代表，举偶时期是布摩文献取得辉煌成就的时期，三十部《额咪》、一百二十部《苏古》都写成于这一时期。在"六祖"分支之前，邛佐氏继承了举偶布摩，"六祖"分支后，有二十大布摩：武家有六家奢厄，乍家有四家开德，糯家有三家蒙蒙，侯家有三家尼礼，毕家有三家莫莫，默家有四家赫赫。六祖分支后，在今滇、川、黔彝区，林立着数以百计的彝族世袭君长统治的部政权，各部又都指定一家或数家布摩首席及其世袭布摩。《迎布摩经》载："主人商议请布摩，纪古地方布摩多……东边布摩多，有举雨、有诺怒、有阿瓯威名，亥索如虎啸，却都在得远，远了请不来。西边布摩多，（阿芊）陡家有德歹布摩，笃（磨弥）家有直娄布摩，乌蒙家有阿娄布摩，有阿娄阿阁布摩，芒布家有依妥布摩，有依妥洛安布摩……北边布摩多，阿租迫维是布摩，麻靡史恒是布摩，维遮阿尼是布摩，阿蒙举雨是布摩。""阿哲以亥索氏为布摩，举雨的布摩神是雾形，阿载的布摩神是鹰形，阿尼的布摩神是鸡形……陡家德歹氏，芒布有益吉氏，益吉洛安氏，阿底家有支吉氏……乌蒙部有阿收氏，阿收阿阁氏。益支布摩声望大，麻育布摩很突出……还有毕余孟德氏，麻弥史恒氏，赫海（芒布）地方布摩济济。笃磨（弥）以德勒为布摩，又有阿租迫维氏，都是世袭布摩。"

在今贵州省及毗邻地区，水西部以妥目亥索、渣喇家为首席布摩，有毕余莫德等若干家世袭布摩，妥目亥索是水西阿哲的家族，共祖于俄索毕额一代。《大定府志》所录的白皆土目安国泰所译《夷书》九则称："其先，蛮夷君长突穆为大巫，渣喇为次巫，慕德为小巫。"突穆即妥目亥索家；乌撒部以维遮阿尼、麻博阿维家为首席布摩，有德歹、举雨、阿都乃素等若干家世袭布摩；磨弥部以德勒、芒部以益吉洛安、乌蒙部以阿寿等若干家世袭布摩。这种传承形式主要延续到清康熙初年，少部分还延续到1949年前。

选自《彝文典籍图录》

彝族布摩是彝文古籍文献拥有者。彝文文献《彝族源流·卷十二》载："有布摩就有字，有布摩就有书，有布摩就有文，有布摩就有史，优阿武写文，啻赫哲编史。吐姆伟掌文，舍娄斗掌史，布摩创文史。"《物始纪略》也说："有布摩就有字，有布摩就有书。"汉唐以来，彝族文字文化的传承始见于汉文献中，汉文献中较早记录彝文的是《华阳国志·南中志》："夷人大种曰昆，小种曰叟……夷中有桀、黠、能言议屈服种人者，谓之'耆老'，便为主。论议好譬喻物，谓之《夷经》。今南人言论，虽学者，亦半引《夷经》。"宋代范成大著的《桂海虞衡志》也提及彝族罗殿国文字的事："押马者，称西南谢藩知武州节度使，都大照会罗殿国文字。"布摩掌握的卷帙浩繁的彝文典籍文献，涉及本民族的政治、经济、历史、哲学、医学、谱牒、宗教、天文、律历、地理、文学、军事等诸多文化遗产承载，内容与文字传承互为前提又彼此相互

布摩的世袭

布摩的世袭是以土地的继承作支撑的，部政权君长直到演化为土司的漫长时期，都给布摩世家一片可观的土地。为了土地的永久继承使用，就必须把职业一代一代地传承下去，也就造成职业的排他性和技能的保守性，为君长或土司服务的布摩成为土目，布摩的土地俸禄往往可以和土目的土地俸禄等同。"改土归流"后，土司制残存下来的土目家所择的布摩世家也一样给一大片土地作报酬。

选自《彝文典籍图录》

依存，正是它的这种属性决定着其文字文化传承的生命力。

布摩有很多的兼职。在彝族部政权时代直到土司制时期，布摩在很多时候主持丧事祭祀和祖宗的祭祀仪式，又司教化，以家庭教育与布吐(学堂)教育的形式，教授本家族乃至于外家族子弟，传播彝文典籍文献文化。战时的布摩为君长决策出谋策划，制定军事谋略，有国防或军事参谋长一样的职能，如吴三桂进攻水西时，《布默战史》载："在这天夜里，大毕摩谋臣，姆兹骂色，所有来商议，濯色兹摩(安坤)，问毕摩谋臣：此番的舒啥，所率兵马，如雾霭进攻，似暴雨猛降，咱慕俄勾家，供祖桶神山，祖灵栖身处，已被占领了，君长的买待，必须规避。大毕摩谋臣，都认为恰当。"水西乌撒两部械斗时，"德楚仁育氏，以地位显赫，尊贵为君长……他下令兵马，收拾兵器，退出战斗。乌撒毕摩谋臣，还守着阵地，乌撒的战将，随那叔余优，好比猪见草，进那周阿吉，住的大帐内"。布摩甚至还跟随君长亲自领兵出征上战场："布足布毕，跨善攀花马。布足果车，跨淌鼻涕马。这两位毕摩，玩镶银维庹，腰吊金葫芦，头戴镶金冠，牢洪显威仪，身着绸和锦，如林中连理，持两件利器，展英雄气度，有长者风范……布铺阿诺，跨长尾虎马。布箐布祸，骑花斑虎马。第三位毕摩，骑始楚虎斑黑马。间隔两丈骑，弄镶银维庹，腰佩金葫芦。犹三重星临空，没有尽头般；犹半天云中，两雄鹰齐鸣，在树梢之上，众鸟不犯愁；似深山林野，两只虎齐啸，为众兽壮胆，犹牧羊遇兽，顺手就获取；犹如大老虎，来到点苍山。"

摩史，谱写宣诵历史的大师

　　彝族布摩的主要职能是，参政议政、主持祭祀仪式、传承传播彝族典籍文化。布摩的这种职能沿袭的历史有着数千年之久。随着社会制度的完善和社会分工的明细化，在布摩这一职业中，又分化出称之"摩史"的职业。

　　"摩史"有"摩守""慕师"等多种音译。摩史是古代彝族社会中的一种职业（职务），地位次于君长，是"穆魁"组成成员，又与在彝族政权结构中居于第三位的布摩有非常密切的关系。如在水西彝族君长制政权体制高度完善的九扯（九个平行的部门）九纵（九位行政长官负责）设置中，摩史为官一秩，"司宣诵"，

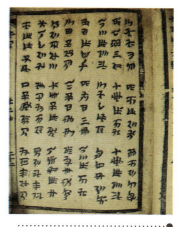

彝文木刻本《摩史苏》

"司文书"，"掌历代之阀阅，宣歌诵之乐章"（参见光绪《黔西州续志·土目姓氏仪理论》等），集史官，礼仪官，外交官等多种身份于一身。摩史必须做到通文字，精礼仪，足智谋，善辩论。举凡大典，外交应酬，祭祀祖宗，婚丧大事，都少不了摩史这一重要角色。"辄饮酒赋诗，竞才品艺。所赋诗歌，多古典古语，尤以能设比喻及隐语者为上，颇似诗经中以草木鸟兽咏成比兴体诗歌。"《华阳国志·南中志》中的"耆老"，指的角色应当是摩史。

　　摩史在历史上享有非常高的社会地位，在各君长国时期，这一职业通常是由相当于亲王的人充任的，如阿芋路仁邓阿余、举足阿姆、芒布部阿额麻耐、水西部的支能额觉、举娄额尼、德楚仁育、乌蒙部的举足尼迫、乌撒部的陀尼德直、侯汝米勺等等一大批著名历史人物，在兵戎相见的战场上，他们是冲锋陷阵的武士；在家族统治的政权里，他们是地位仅次于君长的摩魁；而在激辩的场合，他们又是能言善辩、口才出众的摩史。

摩史的礼仪官、外交官等身份使他们有展示才华的空间与平台，古代彝族各君长国之间的交往活动即外交活动，称为"$su^{33} \nu dzo^{21}$ 叟觉"，根据各君长国之间的血缘和非血缘关系，在"$su^{33} \nu dzo^{21}$ 叟觉"一词中加上表明关系的宾语，如有血缘关系的加"余"、"苏"（舅甥）、"寸"、"迂"（家族、支），非血缘关系的加"耐"、"优"（朋友、近邻）。"六祖"分支后，规定六大部之间互相开亲，以各大部为一个大的家支（族）单位，除本大部（家支、族）外的各部都可通婚，都是姻亲关系，除禁止本部通婚外，与武、糯、侯、布、黔、乍互为姻亲关系，在这种前提下，本部的君长、臣子、布摩、百姓就可同其他五大部中的与自己等级相当（门户相当）的任何一家结为姻亲关系。这种关系在上层社会中尤其表现得突出。汉唐以来，分布于今四川的糯、侯，分布于今云南的武、乍、侯、布、默，分布于今贵州的布、默、侯六大部的各支统治者都是世亲。因此，他们间的交往（外交活动）称之"余叟苏觉"。"余叟苏觉"这种以"姻亲交往""走访亲戚"为名而实质上的外交活动十分频繁，迎来送往的双方通常要举行隆重的吟赋诗歌的比赛活动，这种活动作为一种礼仪非常受到重视，且作为外交活动过程中的主要的一个环节。"余叟苏觉"活动的主角就是摩史，摩史在外交场合通过吟赋诗歌比赛，恰到好处地引用典故，以古喻今，可以游说对方，使之信服，从而达到双方结盟或修好，或进一步加强关系的目的，也可以达到破坏、瓦解对方与第三者的结盟，或激起对方出兵与自己决战的目的等。在这种活动中表现出本领超群，满腹经纶、能言善辩的摩史往往会得到对方丰厚的财物馈赠。

尽管随着彝族君长制政权的消失，摩史这一职业不复存在，但摩史曾记录掌握使用的那部分典籍仍然流传了下来。所谓布摩，应当是布（摩）与摩（史）的合称，摩史原先与布摩是一家，随着社会分工的具体化而从布摩中分支出来，失去职业存在的依托后又归入布摩，到后来，至少是由布摩传下原先属摩史掌握的那部分典籍，这正是摩史文献得以传承的一个重要途径。其实，布摩与摩史是有着渊源关系的，一是布摩与摩史都以额索氏为共同的鼻祖，共同崇拜知识和智慧之神。二是在丧祭活动中，共同主持各类仪式。布摩、摩史分别担当主客两个角色，在仪式中念诵经文典籍，在近现代的丧祭活动中，由布摩在大堂主持仪式，摩史在客堂主持仪式。亲戚家请来参与奔丧的布摩，充其量只是摩史的角色。他们只念诵本书即《摩史苏》一类的典籍，但却表明布摩与摩史之间，不论仪式上还是他们的典籍上都存在着相互交叉的情况。

● 彝族女土官，巾帼的风采 ●

在彝族历史上，女子与男子拥有平等的政治地位，因而，彝族的君长、方国和土司制政权时代，出类拔萃的女性有继承权位以一展巾帼风采的机会，水西的奢节、奢香，乌撒的实卜、圆和、奢勿，普安的适恭等，是其中杰出的代表。

奢香夫人，香肩担道义

奢香夫人，被后人誉为"外来交流（四川）干部""少数民族干部""妇女干部""党外干部""青年干部"等。

奢香年少时，就从四川属地永宁宣抚司嫁到水西，做了贵州宣慰使霭翠的夫人。霭翠老后，于洪武十六年（1383年）遣夫人奢香与水东宋氏之妻、代袭宣慰同知职务的刘淑贞一同入朝贡献方物，得到明太祖朱元璋的赏赐。奢香夫人代理了一段时间的宣慰使的职务。奢

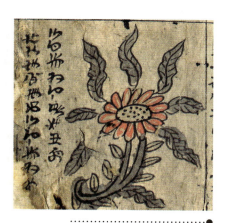

选自《彝文典籍图录》

香夫人当政时，掌握贵州军事大权的都指挥使马烨，凭着自己是皇亲国戚，又掌握着贵州实际权力的威势，"素恶奢香，又思尽灭诸罗代以流官，苦无间。会香为他罗所讦，烨欲辱香激诸罗怒，俟其反而后加之兵。及檄香对簿，香已不胜其辱，烨又叱壮士裸香而笞其背。香怒甚，折所服革带誓"。听到这个消息，水西"四十八部诸罗咸集香军门，戛颡，愿尽死力助香反"。然而奢香夫人看透了马烨企图通过

奢香

奢香能够忍辱负重地尽忠于国家而不率领四十八部起来与马烨进行军事斗争，割据一方，造成国家分裂，其高瞻远瞩的政治智慧，临机决策的战略眼光，最终从政治上取得了胜利。

奢香夫人的政治智慧和历史功绩对后世影响很大，形成了伟大的奢香精神。奢香夫人的伟大精神可以概括为：忠于国家、反对分裂、维护祖国统一的爱国主义；顾全大局、反对战争、维护团结的和平思想；热爱民族、忍辱负重、为民请命的英雄气概；善于学习、兼收并蓄、开放进取、积极促进民族经济发展和文化交流的远见卓识；忠于职守、努力奋斗、鞠躬尽瘁的献身精神。

武力消灭地方土司而代以流官的险恶用心，对群情激奋的四十八部土目说："反非吾愿，且反则歹得借天兵以临我，中歹计矣！我之所以报歹者，别有在也"。于是奢香夫人与刘淑贞商议，决定到京城去向皇帝朱元璋告御状，揭露马烨的罪恶行为，并以"愿刊山通险，世给驿使往来"为报答，求得朱元璋召回马烨治罪，从政治上打败了马烨。奢香回来以后，"遂开偏桥、水东，西达乌蒙、乌撒，及自偏桥北达容山、草堂诸境之道，立龙场等九驿于其境内，岁贡马及廪积。自是道大通而西南日益辟"。洪武二十一年（1388年），"霭翠死，香擢职"，正式摄贵州宣慰使之职。洪武二十三年（1390年），奢香夫人派遣儿子安的朝京师并且请求入太学学习，得到朱元璋的褒奖。安的学习期间和归来后的一段时间，政事仍然由奢香夫人管理。洪武二十九年（1396年），"香卒，朝廷遣使祭之"。

面对马烨的险恶阴谋，她不以私愤害公忠，忍辱维护国家的统一。朱元璋曾经告诫过属下："如霭翠辈不尽服，虽有云南，亦难守也。"清醒地认识到水西地区对于整个国家统一、政治稳定的重大意义。为改善交通条件，奢香当政时组织领导贵州境内各族人民，以交通为先导，促进地方经济的发展，凿山开道，修建驿路，以偏桥为中心修筑驿路，一条向北，经草塘（今贵州瓮安）到容山（今贵州湄潭）；一条向西经水

奢香夫人

1358—1396

大方奢香博物馆内的奢香夫人塑像

东（今贵阳市东北）过乌撒（今贵州威宁）到乌蒙（今云南昭通），并在水西境内建立龙场九驿、修筑水西十桥。两条驿路连通了湖南、四川、云南，有力地促进了民族地区社会经济发展和各民族的文化交流，收到了"道大通而西南日益辟"的客观效益。把云、贵、湘、川、桂几省分管地域联并起来，将境内的驿路纳入全国的驿路网络，与全国各地联成一气，沟通了贵州周围四省，使贵州的战略地位更加突出，在国家加强西南地区统治的形势下，为贵州建省创造了必要条件。客观上对维护和促进祖国统一起到了积极进步作用。奢香也因此被后世幽默地称为"西部开发第一人"。交通条件的改善，大力促进了水西地区的经济发展和文化交流。水西地区经常拖欠朝廷的赋税的情况常见于史志记载，在驿路修建好以后，这样的记载逐渐减少。

交通条件的改善，还为文化的传播提供了必要的物质便利。奢香夫人对彝族文字的使用与传播进行了卓有成效的改革，把彝族文字从神秘中解放出来，打破了传统禁忌的坚冰，使彝文成规模地出现在金石等载体上，使用范围逐渐扩大开来，彝文从传统的传经记史的功用扩大到记账、契约、记录歌谣、书信往来等日常生活中。这是奢香夫人对彝族文化传承普及所作贡献的体现。奢香夫人对彝族文化所作贡献及其影响不单在当时的贵州宣慰司地盘，还延伸和辐射到周边的彝区，如乌撒地区、四川的永宁宣抚司地区（今古蔺、叙永一带）、云南的乌蒙（今昭通）、畔（今东川、会泽一带）、磨弥（今云南省宣威、沾益一带）等地区。奢香夫人彝文传播的改革具有里程碑的意义

为了学习和引进汉族文化，加强和促进彝汉文化的交流，奢香夫人带头遣子弟到京师入太学，以本民族上层的行动来进行示范和带动，影响周边，并逐渐深入到社会各阶层。"明洪武二十三年（1390年）五月己酉，香遣其子弟朝京师，因请入太学。上谕国子监官：'善为训教，俾有成就，庶不负远人慕学之心。'"同年"播州、贵州宣慰使司并所属宣抚司官各遣其子来朝，请入太学。上敕国子监官曰：'移风善俗，礼为之本。敷训导民，教为之先。故礼教民于朝廷而后风化达四海。今西南夷土官各遣子弟来朝，求入太学，因其慕羡，时允其请，尔等善为训教，俾有成就，庶不负远人慕学之心。'"在奢香的带动和影响下，在毗连的乌撒、乌蒙、芒布、永宁地区，各土司先后送子弟进京入学，"洪武二十三年（1390年）七月戊申，云南乌撒军民府土官

知府阿能遣其弟忽山及啰啰生二人请入国子监读书。各赐钞锭。""洪武二十三年（1390年）九月辛卯（初二）云南乌蒙、芒布二军民府土官遣其子以作、捕驹等，请入国子监读书。赐以衣钞。"明初乌蒙、芒部各土司多遣子弟入国子监读书，多至六七十人。通过交流，时机成熟后，即在贵州宣慰使司地置儒学，设教授。"洪武二十五年（1392年）十一月癸寅贵州宣慰使安的等来朝，贡马六十六匹。赐以绮、帛、钞锭。置贵州宣慰使司儒学，设教授一员，训导四员。"这些举措，在奢香之前是没有过的。

实卜、圆和，女土官的智慧

元宪宗时期，蒙古铁骑横扫千军如卷席，征服欧亚，一夜之间，将巴尔干大地踏平，在中国境内，灭金国，荡南宋，一统天下。可是在征服乌撒彝部时，到小小的七星关要塞，从元宪宗起，到世祖至元九年（1272年），十五年间，莫能跨过七星河一步。"元跨革囊"，先征大理，从后包抄，元世祖至元十年（1273年），乌撒才归附元朝。元朝于是在乌撒地先后于1276年立招讨司，1278年设总管府，1284年改军民宣抚司，1287年置乌撒乌蒙宣慰司。

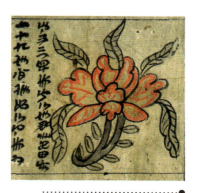

选自《彝文典籍图录》

鲁迁诺直是乌撒部第58代君长，元乌撒乌蒙宣慰使。鲁迁诺直还有"鲁迁诺扎""诺哲""禄哲""那者哲老"等名字。随着诺直年迈而膝下无子，乌撒的各亲王、宗亲纷纷打起争袭的主意，并有所行动。诺直看在眼里，急在心里，打算再续一房，传下香火，熄灭境内的纷争。"寻路边的草喂马，找舅舅家的女儿做妻子"，诺直相中了做舅舅的原毗那国王阿赤的女儿实卜，实卜如花似

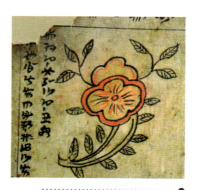

选自《彝文典籍图录》

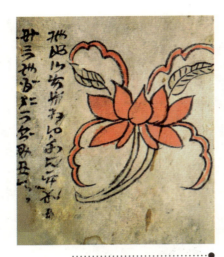

选自《彝文典籍图录》

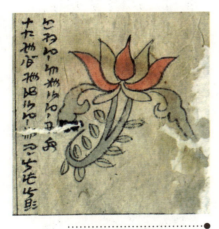

选自《彝文典籍图录》

玉，深得诺直的钟爱，本想娶过来后让她生育一男半女也就了事，殊不知这实卜不仅有一把操持家务的好手，自从普安嫁到乌撒后，一直协助诺直操持乌撒的内政外交，协调各种利益关系，把乌撒治理得井井有条，树立了自己在部内的威望，替诺直摄乌撒乌蒙宣慰使事。元末，新兴的明朝势力势如破竹，元云南梁王把匝剌瓦尔密企图负居云南一隅抗拒明朝，给大理段氏和乌撒部等加官晋爵，摄乌撒乌蒙宣慰使事的实卜被升为"云南行省右丞"。为在其位谋其事，明洪武十四年（1381年），实卜率兵在赤水河畔对明朝的进攻作了殊死抵抗，因寡不敌众遭受失败。实卜总结教训，很快认清了形势，于明洪武十五年（1382年）归附明朝，被授为乌撒土知府。在中央王朝改朝换代的进程中，乌撒女土官实卜充分发挥了她的智慧。

实卜任乌撒土知府后，一是极力加强和改善同中央的关系，稳定地方。明洪武十六年（1383年）"五月，诏赐乌撒女知府实卜及乌蒙、东川等知府，人朝服一通，并常服一袭。十月，乌撒知府实卜等七百七十一人来朝，诏赐织锦、文绮、钞锭，及把事以下从人各有差"。

二是为国家的财政税收作贡献。"十七年（1384年）割云南东川府隶四川布政府司，并乌撒、乌蒙、芒部皆改为军民府，而定其赋税。乌撒岁输二万石，毡衫一千五百领；乌蒙、东川、芒部皆岁输八千石，毡衫八百领。又定茶盐布匹易马之数，乌撒岁易马六千五百匹，乌蒙、东川、芒部皆四千匹。凡马一匹，给布三十匹，或茶一百斤，盐如之。实卜复贡马，赐绮钞。"乌撒地区粮赋和毡衫的输出是乌蒙、东川、芒部三部的总合的两倍还多。

三是学习和引进汉文化，加强文化交流。"洪武二十三年（1390年），乌撒土知府阿能，乌蒙、芒部土官，各遣其子弟人监读书。"实卜的继任者即她的儿子土知府阿能遣其子弟入读国子监，也完成实卜生前未能实现的遗愿。

圆和是乌撒第60代君长卜穆的夫人，实卜的孙媳，水西慕俄格家公主，一名阿曲洪亥。"宣德二年（1427年），乌撒知府卜穆妻圆和入贡。先是，卜穆已卒，故圆和摄。"水西女圆和年青守寡，与祖母相同的使命和命运落在她的肩上，她的事迹虽然只有寥寥数语，但在她的时代，能摄任乌撒知府，是必须通过明中央王朝和乌撒部的双重严格考核的。

适恭纳款，顺应潮流

普安首任女土司适恭，是彝族布支系磨弥部之女，元朝末年普安路军民总管府怀远大将军那邦的妻子、女总管。那邦去世后，他的夫人适恭顺应潮流，率本部夷民首先归附明朝。洪武十六年（1383年）授普安军民府知府，世袭。明洪武十五年（1382年），适恭纳款内附明朝廷，朝廷改普安路为普安府，第二年升军民府，另置普山府，授适恭为土知府，许世袭，土、流二知府与普安卫（在今盘县）同地分治。与水西奢香、乌撒实卜一样，普安女土司适恭能成为当

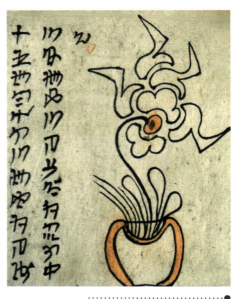

选自《彝文典籍图录》

时著名女领袖，明初贵州土司中举足轻重的人物，是与她高瞻远瞩的政治眼光，认清形势，顺应潮流的风范分不开的。

● 古彝文，世界六大文字之一 ●

战国至西汉铸彝文擂钵

皮书彝文

彝文是中国彝族固有的文字。明清以来的汉文史料称为"爨文""爨字""韪书""倮文""罗罗文""夷字"等。彝文的起源，有伯博耿造字、密阿叠造字等多种传说。彝文文献《彝族源流·卷十二》《物始纪略》里说："有布摩就有字，有布摩就有书。"彝族的君、臣、师（布摩）出现在哎哺时期，这一时期，据《阿买尼（磨弥）谱》载："在笃慕之前，有三百八十六代，在笃慕之后，传了七十代。"说明彝文及其古籍的形成经历了漫长的历史时期。彝文同样经历从符号到成熟文字的发展过程，毕节市彝文文献翻译研究中心曾有多人多次用彝文释读了西安半坡遗址出土的刻画符号，威宁中水陶文、二里头文化遗址等多个地方出土的刻画符号等。彝文与刻画符号（陶文）应存在着神秘的历史亲缘关系。据不完全统计，彝文字的字数在贵州地区有两万余个。彝文与汉文、纳西东巴文被共同誉为中国土生土长的三种文字。彝文有象形、会意、指事、形声等多种造字方法，有独体与合体两种，象形字与独体字的比重占很大的分量。

彝族文字的传承，从载体上说，有金文、竹、木刻、竹木简、石刻、皮书、构皮纸等为载体的发展历程。金文目前为止发现4件，其中的"祖祠擂钵"亦称"祭祖擂钵"，经贵州省博物馆的有关专家鉴定，系战国至汉代的文物，铸有"祖源手碓是"五个阳文彝字，铸有彝族《祭祖经》故事，擂钵原件由毕节市博物馆转大方奢香博物馆收藏，还有从贵州流传到云南省昭通市的蛙钮彝文"统管堂琅印""夜郎赐印"两件铜印和现存大方县奢香博物馆的明成化钟。在文献载体种类中，金属器物文献是无价之宝。以竹、木刻、竹木简为载体，见于文献《彝族源流》《西南彝志》《物始纪略》等文献"木刻竹简，堆积如柴薪"或"堆放如柴禾"的记载。木刻有毕节市彝文文献翻译研究中心收藏的《摩史苏》

1件。皮书即以牛羊皮为载体的彝文文献，在毕节市境内残存有10件左右，其中较完整的是《余吉米体访亲记》1件。明清以来10000部以上的彝文文献都是以构皮纸作载体的。石刻为载体的文献有数千件，绝大部分也形成于明清时期。

彝文经籍与布摩器具

汉唐以来，彝族文字文化的传承始见于汉文献中，汉文献中较早记录彝文的是《华阳国志·南中志》："夷人大种曰昆，小种曰叟……夷中有桀、黠、能言议屈服种人者，谓之'耆老'，便为主。论议好譬喻物，谓之《夷经》。今南人言论，虽学者，亦半引《夷经》。"宋代范成大著的《桂海虞衡志》也提及彝族罗殿国文字的事："押马者，称西南谢藩知武州节度使，都大照会罗殿国文字。"

由香港世界文化地理研究院主办，邀请香港世界遗产研究院、中国无形资产研究院、亚太人文与生态价值评估中心等机构合作，共同组成的古彝文与世界古文字比较研究课题组，于2009年6~8月连续三次召开"中国古彝文申报世界记忆遗产（香港）研讨会"，会间邀请了两岸四地有关专家学者和各界人士参与讨论，最后于2009年8月22日在香港正式形成《中国古彝文在世界古文字中的价值地位评鉴与申报世界记忆遗产建议报告》。建议报告主要从文字的生命力——"长度"、文字的影响力——"宽度"、文字的文化力——"厚度"、文字的传承力——"活度"、文字的稳定力——"定度"、文字的价值力——"值度"等六个维度对彝族文字进行定量与定性评鉴。该评鉴与建议报告的一个阶段性评鉴结论是：中国古彝文可以与中国甲骨文、苏美尔文、埃及文、玛雅文、哈拉般文相并列，是世界六大古文字之一，而且可以代表世界文字的一个重要起源。

● 彝文古籍，承载着数千年彝族文明史 ●

　　彝文古籍是中华民族文化遗产宝库的重要组成部分，是一笔珍稀而可开发利用的传统文化资源。

　　以彝文为载体的古籍，用牛羊皮或麻布做护封，故而俗称"牛皮档案"或"羊皮档案"。它记录的历史年代久远，从哎哺时期至"六祖"时期，尤其是从尼能、什勺、慕靡、举偶到"六祖"分支，直到1664年的近4000年间，近200代父子连名谱牒世系完整相连而不间断。记录涉及哲学、历史、天文、历法、算学、文学、军事、宗教、地理、民族、民俗等多方面内容。反映彝民族的发祥、发展、迁徙、分布，与各兄弟民族和睦相处，巩固西南边疆的稳定，维护祖国统一等情况，形成独具特色的哲学、美学、伦理道德学、教育学等学科体系。内容与文字传承互为前提又彼此相互依存，正是它的这种属性决定着其文字文化的传承的生命力。

彝文古籍抄本

《彝家古歌》

　　其中，《宇宙人文论》、《土鲁窦吉》、《爨文丛刻》（中、下）、《西南彝志》1~4卷、《彝族源流》等文献集中反映了彝族的哲学和天文与历法史观，为中华文明起源的认识提供了极具价值的文献资料；《爨文丛刻》（上）、《西南彝志》、《彝族源流》、《彝族创世志》、《彝家宗谱》等文献，记录了彝族的数百代谱系、分布，回答了彝族的起源问题和彝族在贵州分布与活

动的三千年以上的历史，为贵州历史研究提供了不可或缺的文献要素；《益那悲歌》《夜郎史传》《彝族源流》《策尼勾则》等文献，记录了古夜郎王族的 27 代连续的父子连名谱谱系，反映古夜郎在毕节市境内活动六七百年的历史；《支嘎阿鲁王》《支嘎阿鲁传》《曲谷走谷选》等文献记录的彝族史诗，堪与《荷马史诗》和《格萨尔王》等世界著名史诗媲美；《苏巨黎咪》《海腮耄启》等文献，提供了教育、法律、伦理道德等多方面优秀的历史文化遗产，是一笔不可多得的历史文化遗产财富，值得去研究、继承和弘扬；《估哲数·农事篇》《物始纪略》等文献，反映了贵州古代农业社会的历史和农业社会的经济，在全国的彝文文献中也具有唯一性。《彝族诗文论》《彝诗体例》等文献，是我国最早的文艺理论著作，早于刘勰所作的同是文艺理论著作的《文心雕龙》。

彝文文献由贵州的彝族历史上形成的远古文化、夜郎文化、民族政权方国文化（如黔西北至黔中的罗氏国文化，安顺至黔西南的罗殿国、毗那自杞国文化）、千年土司文化（水西文化、乌撒文化、普安文化等）、神秘文化（如在中国都是独一无二的向天墓葬文化）支撑着，反过来，这些种种文化信息必须靠彝族文献来解读、解答，归纳出其优势所在。

● 彝族百科全书《西南彝志》 ●

选自《彝文典籍图录》

选自《彝文典籍图录》

《西南彝志》原名《哎哺散额》，抄本长49.1cm，宽31cm，每页14行，每行38个字，全书有30余万字，记载的内容有哲学、古氏族谱系，以希慕遮到水西安氏的116代父子连名谱为主线，叙述迁徙、发展、分支、联姻、祭祖等社会活动的历史，并辐射叙述滇东北、黔西北、黔中、黔西南、四川凉山等彝族乌蛮、白蛮各部的"什数君长"父子连名谱及活动史实，书的记载与所述地域的彝族各支或直接对号，或直接挂钩，《西南彝志》的内容还涉及天文、历法、语言、文字、医药、冶炼、兵器制作、生活用具制作、工艺、畜牧、狩猎、农耕等各个方面，较全面地反映了彝族古代社会的政治、经济、文化生活。正因为如此，整理翻译者将它取名为《西南彝志》。

《西南彝志》的编纂者，是水西阿哲部下属的四十八目中的热卧部的摩史，也有可能就是热卧本家的人，也具有地道的史官的身份，热卧部的摩史，或热卧家的摩史，人们都习惯称他为"热卧摩史"，据说，他收集了彝族历代的很多彝文文史资料，一手整理编纂了《哎哺散额》即《西南彝志》。他在完成整理编纂这部彝文巨著时，年已七十有五，他生活的年代，可能在清康熙三年（1664年）吴三桂犯水西之后，雍正七年（1729年）"改土归流"之前。《西南彝志》的原版，是贵州省大方县三元乡陈朝光家祖代收藏下来的，后被采用彝文、国际音标、直译、意译四行体翻译油印刊出后，受到社科部门和民族史学界重视，也引起了国内外学术界的关注，从此被誉为"百科全书"。也正因为如此，《西南彝志》的原版收藏于北京民族文化宫。1985年12月，国务院古籍整理领导小组、国家民委在沈阳召开全国少数民族古籍整理规划会议，《西南彝志》

被列为国家的重点项目。王运权、王仕举被分配担任《西南彝志》第二次全面系统整理翻译的任务。他们不计得失、兢兢业业，充满责任感和事业心，钉子一样钉在整理翻译的岗位上，到了 2000 年，两位先生完成了《西南彝志》二十六卷中的十二卷，几乎是该书的二分之一的量，第二次的整理翻译虽然是在第一次翻译的基础上进行，但翻译质量的提高是不

《西南彝志》原本片段

言而喻的，更重要的是，采用彝文、国际音标、直译、意译四行体翻译加注释版的公开出版发行，使彝文古籍的代表《西南彝志》等图书有机会走出了省门，走出了国门。2001 年，它的整理翻译者之一的王仕举先生不幸去世，这以后，年已九旬的王运权先生风雨无阻地苦苦伏案，到 2013 年为止，完成了第 25 卷的整理翻译任务，剩下的最后一卷即第 26 卷也将在 2015 年的晚些时候可完成。

《西南彝志》

彝族史的权威文献《彝族源流》《彝家宗谱》

《彝族源流》，首批进入《国家珍贵古籍名录》。

《彝族源流》全书有正文共 27 章 360 节，彝文约 30 余万字。它是继《西南彝志》的整理翻译后，原贵州省毕节地区彝文翻译组整理发掘的又一彝族历史文献巨著。作为全国少数民族古籍整理重点项目，其原本的搜集整理翻译从 1986 年初开始，到 1996 年末结束，历时十年多，中间跨越了第七、八、九三个五年计划。作为古乌撒彝区流传的一部有着重要影响的彝文文献，《彝族源流》有多种传抄本或散抄本，比较完整的是今毕节地区彝文翻译组译审王子国先生家的阿侯毕摩抄本，其次是毕节市彝文文献翻译研究中心的 248 号藏书（第 6、7、8 卷）、

《彝家字谱》原本片段

730 号藏书（第 15、16 卷）、913 号藏书（第 20 卷）、249 号藏书、660 号藏书（第 23、25 卷）、126 号藏书（第 26、27 卷），还有《六祖纪略》《六祖富贵根》等，在整理翻译时作了参考，甚至补充。

《彝族源流》版本的珍藏与保护曾历经风险，怕被当作"牛鬼蛇神"抄没焚毁，王兴友毕摩曾将它收藏于岩洞，雨后又悄悄地翻出来晾晒；李朝文毕摩藏经书隐瞒职业五十余载……《彝族源流》的整理翻译充满了艰辛，负责项目的两位搜集整理翻译者在 1986 年深秋一个阴雨绵绵、寒气

彝族源流

逼人的日子，同时遭遇重大车祸，幸而死里逃生，后又从重病中痊愈，也才使《彝族源流》的整理翻译得以延续。

《彝族源流》涉及的内容广泛，历史久远。自哎哺时代开始，彝族历史经历了尼能、什勺、米靡、举偶、武米、六祖等若干时代。从哎哺氏到希密遮有数百代父子连名的世系中，以希密遮到笃米（慕）31代的世系，笃米（慕）到祖摩阿格（安坤）84代父子连名世系，共计115代父子连名世系为脉络，叙述彝族各部的分支、发展、开创基业及其政治、经济、文化情况以及各部间亲缘关系，相互间交往等情况。

《彝族源流》是一部以谱牒为脉络而叙述彝族历史的彝文古文献。《彝族源流》一书，以父子连名谱为线索，记录哎哺、尼能、什勺、慕靡、（武僰）、举偶（亦作格俄或根英）、六祖等六个时期的彝族历史，认为彝族共同起源于哎哺时期，由哎哺繁衍的尼能、什勺、米（慕）靡、武僰四大氏族是今彝族的主要来源，其中尼能、什勺与米（慕）靡的结合，繁衍了"大种曰昆，小种曰叟"的昆明人和叟人，昆明人和叟人即是米（慕）靡——六祖系统的彝族先民，什勺氏还繁衍了南诏国王室的彝族蒙氏等，武僰氏族则在滇川黔的部分地域及结合部繁衍了卢夷国、朱提国、夜郎国等。在彝族社会历史舞台上，尼能、什勺、慕靡、武僰、举偶（亦称额索）、六祖曾先后占据主体地位，尼能、什勺、慕靡、举偶（亦称额索）、六祖虽系同源、且共生，但各自又先后代表了一个历史时期，得到《彝族源流》在内的大部分彝文文献的认同。秦汉以后，僰系彝族从今黔西北、滇东北往云南中西部地区迁移，而米（慕）靡——六祖系统的彝族先民昆明人和叟人则从云南中西部地区往今黔西北、滇东北迁移，完成了彝族间民族的大交融过程及其文化的大对接，也形成了一直到如今的大体分布格局。《彝族源流》所记载的这种情况，历史学家方国瑜先生在《滇东地区爨氏始末》中说："东爨之地，主要在蜀汉西晋时期的朱提郡，而向东西两面发展势力。朱提郡在蜀汉以前的主要居民并不是叟人，而是僰人。但是从蜀汉以来，滇池地域的叟人人口增多，向邻近的朱提郡迁徙，使朱提境内的叟人逐渐增多，自从西晋末年以后，朱提与建宁的地方势力都结合在一起打成一片，叟人在朱提得势，原住着的僰人被迫迁走。"方先生的这段论述，比较符合《彝族源流》的记载。从《彝族源流》所记载的内容上可以看出，彝族与古老的昆明、蜀、僰、叟、濮、哀牢、卢等族群有直接联系，

《彝文典籍图录》

在进入阶级社会后，又同古巴蜀国、古滇国、古夜郎国、古牂牁国、古朱提国的建立有关，如书中对古朱提国本末的叙述，对夜郎谱系的记录等。至于建立罗殿国、罗施鬼国、南诏国、自杞国及以百"什数"的君长制政权的分类和完整的谱系与活动记录，更是不言而喻的。《彝族源流》原译本为五言诗体，这个译本出版发行后，出于不同的研究需求，又有三种版本发行，一种是《彝史精编》（彝文版），另一种是《中国彝史文献通考》（彝文版）第一集，第三种是王明贵等翻译的《彝族源流》散译版。2014 年，还将有《彝族源流》升级修订版面世。

《彝族源流》等彝文文献的整理翻译出版发行，使《中国彝族通史》古代史部分有了文献作依托，十余所大专院校有了教学科研的一门学科载体，北京与云贵川的彝学专家学者开拓了思路，他们在著书立说时，都纷纷引用了《彝族源流》的记述，如《彝族史要》《宇宙源流》《先民的智慧》《中国彝族古代史研究》《中国彝族史学研究》《西南彝族历史档案》《彝族文化史》《中国彝族史纲要》《彝族万年文明史》等数十部专著，《彝族源流》的整理翻译出版发行，推动和繁荣了学科建设；作为弘扬品牌文化遗产的方面，它使彝族、毕节地区乃至贵州省都扩大了在国内外的知名度。

《彝家宗谱》进入第二批《国家珍贵古籍名录》。

《彝家宗谱》是《彝族源流》的姊妹典籍，现在正在整理翻译中，内容以古夷谱和"六祖"谱为主，尤其弥补了《西南彝志》和《彝族源流》等所缺失的罗殿国、毗那国与慕役部等多家彝族的谱牒，内容与价值等都弥足珍贵。

反映古代彝族眼中世界的《物始纪略》

《物始纪略》，第四批进入《国家珍贵古籍名录》。

社会存在决定社会意识，社会意识折射记录反映彝家遥远的古代历史，这就是《那史》及《那史纪透》存在的意义。《那史纪透》是《物始纪略》的主要译本来源，《那史》，即彝族丧礼舞中武士的旗帜；《那史纪透》（别名"通巧"等）是在向死者演示一部彝族历史和向死者演示人生的一般经历的丧祭仪式中，武士旗帜（兼丧祭场挂图）上各种画图的文字说明。《贵州通志》等明代以来的汉文献都对彝族的丧祭仪式作了一定的记录。彝家逢有丧事，主人家用草木纸布等搭建若塔亭状临时建筑，内停放亡者遗体或招有早逝者灵魂依附的灵魂草（代表和象征早逝者），以便为之举行丧祭、悼念仪式。若塔亭状临时建筑，彝语作"翁车"、或"额车"、或"垦很"等，先由主人家行"曲照"（或称"结照"）仪式，仪式由称"补吐"的人作前导指挥，毕摩随其后，毕摩之后一人执象征旗帜的《那史》，《那史》之后是四名或八名铃铛舞手，铃铛舞手着象征戎装的红色"骑马裙"，头戴纸竹制的头盔，铃铛舞手之后为数十计、或百计、或千计持刀枪剑戟与牵牛猪羊三牲的称"骂幺"（士兵）的人，在"补吐"的指挥下，围着若塔亭状临时建筑及其四角转圈，毕摩念经，铃铛舞手歌舞，"骂幺"鸣枪放炮喊杀，象征演武布阵，或转作太极形，或转作鹰翅形等。由主人家进行此仪式后，奔丧的

汉文献中的彝族丧祭

《贵州通志》卷三载：彝人"死则集万人计，披甲胄，持枪弩，驰马若战斗状"。《贵州图经新志》载："凡死丧宰牛祭鬼，披甲执枪，乘骏马往来奔骤，状若鏖战，以逐鬼神……"《黔记》载："酋长死，则集千人，驰马若战。"《大定府志》载："会者千人，骑马若战状。"

选自《彝文典籍图录》

选自《彝文典籍图录》

《诺素咪谷则》（上、下集）

各姻亲家至少如法举行一遍相同的仪式。仪式中用的《那史》很关键，象征标志性旗帜，象征演武布阵，或"驰马若战斗状"，主要功能之一就是"以逐鬼神"，还有尚武与复仇意识的体现。捉拿死者灵魂的"鬼神"多半是远古时期敌对氏族的先人的亡魂。这些"鬼神"也同龙、太极、日、月、星、鹰、虎与奇闻逸事事象图一起，俨然被绘到了《那史》上，为了向死者演示一部彝族历史，向死者演示一场人生的一般经历的丧祭仪式中，毕摩要向死者解释《那史》，即举行《那史纪透》（或《通巧铭》）的仪式。

《输必孜根由》记录了彝族称"输必孜"，汉族称"太极图"这一揭示事物两极运动基本规律的抽象示意图的起源和由来，认为"像龙输必孜，白圈生物，黑圈运动，天父由此出，地母由此生。太阳由此生，太阴由此生"。"输必孜，由哎哺下传，知识神来画，吐足佐（一名举奢哲，哎哺时期的毕摩始祖，非写《诗文论》者）来画，智慧神探索，舍奋蒂（一名恒依阿买妮）探索。输必孜会盘，其中的白圈，名叫米古鲁，其中的黑圈，名叫靡阿那，就是这样的。"输必孜即太极图这一哲学事象图符起源于遥远的哎哺时期。

中华民族是龙的传人，彝族对龙的图腾崇拜尤其明显，《那史》的中心部分所绘的两条龙有讲究，两条龙代表一对夫妻，表示夫妻双亡的，两条龙头凑在一起；表示夫妻有一方健在的，两条龙头各朝一个方向。在《那史纪透》中，记录描写各色各状的起源和它们的父子连名谱。

在各种图腾崇拜中，数鹰与虎的威力巨大，鹰用双翼遮蔽了天脊和天幕，但好在它对日宫里的玄鸟，月宫里的兔子在征服之后还算是优待有加，否则就失去了白天和黑夜，失去了光明。用躯体覆盖大地的老虎的形象放在丧场上，是借用它的巨大虎威来镇压凶恶残暴的叫"司署"的勾魂鬼。

《物始纪略》借描绘与叙述鬼神形象，记录了远古氏族的颜色崇拜，

如有羊头青人，猪毛黑人，掐脸白人，鸡冠黄人，虎头红人等；记录了远古氏族的原始偶像崇拜，如有尼能九只脚，什勺六只手，独脚野人，人首蛇身，呒靡杜波祖等。鬼神形象只不过是氏族带有原始宗教色彩的夸张描写，这种记录方式与《山海经》可谓如出一辙。

　　《物始纪略》以短小的史诗形式，记录了远古创世神话：第二集的《修天补地》《修造日月》《叙日月谱》《日月形象记》《造云造星斗》《开天锁地锁》《开日锁月锁》等篇目，第三集的《九把天锁》《论锁天锁地》《论锁日锁月》《论锁云锁星》《日月食根由》《日月的根本》《论日象》《论月象》《雾门的银锁》《补天连地》等篇目集中了一个个短小的创世神话，哎哺的女子织出苍天，哎哺的男子织成大地，神异的娄斯颖、郎朵诺、够阿娄、葛阿德修天补地，修造日月，安星斗、布草木、锁天锁地锁日月、锁云雾，在他们那里，日月作恶可以打坏后埋在地下，日月生污垢可以洗涤，使之重放光辉，这些短小而优美的创世神话，形成一种自成体系的风格，也体现了彝民族创世神话的独自特色。

　　《物始纪略》以短小的诗文形式，记录古代的社会生产生活与经济活动、人类社会的三段经历、彝族原始宗教范畴的人鸟共生文化现象、彝族古代的多种丧葬习俗、彝族古代的天文观、彝族以祖先崇拜为核心的原始宗教内涵等。如《文字的产生》《建桥制缆》《渡船记》《造屋记》《织布记》《铸剑记》《毡子》等篇章，反映彝族社会以文字的发明创造使用为标志而进入了文明，进入文明社会后为衣、食、住、行、安的目的所进行的社会生产活动。《金银根源》、《锦帛的根源》、《茶的由来》、《酒的由来》、《马鞍的根源》、《释粮》、《释牛》、《释羊》、《释猪》、《释鸡》、《释鸭》、《释盐》（未整理翻译）、《释米》（未整理翻译）等篇章，记录和反映了彝族古代社会的经济活动。

《人类的形成》以五方生民来追溯彝族的源头，《米阿媚时代的人》一篇则说："远古天出现，地产生以后，人开始产生。人不像人，人像鸟，鸟样过三代。鸟样过日子，果子当饭吃，雾当作水喝，松叶当衣穿；人不像人，人像野兽，兽样过三代。兽样过日子，生肉当饭吃，露当作水喝，阔叶当衣穿。人像人样，是到了米阿媚那时，米阿媚时代，像人过日子，五谷当饭吃，专门喝泉水，织布做衣穿，有这种传说。"正是这种朴素的传说，更贴近人类社会发展的科学规律，也应该是彝族所独有的。

彝族有一种人鸟共生的文化现象，反映在出生时用一只鸡答谢司生育神阿匹额索，人死断气时用一只鸡接气，为亡魂引路等生死习俗礼仪中，在消除灾难的仪式里，鸡又以两只脚走路而往往成为患死灾者最佳的替死的首选。在《释鹤》《释鹃》《人类的形成》等篇目里，叙鹤和杜鹃的谱系，指出它们的情操与职则，说"君是白脸鹤，臣是青翅鹃，师是白翅鹰"，鹤是君长的徽号，杜鹃是臣子的徽号，鹰是毕摩的徽号。

《殡葬始记》《恒袅梗三家》等篇目记录了彝族古代的土葬、火葬、水葬、崖葬、林葬等五种葬俗，使"彝族只实行火葬"的顽固之说缺少了彝文文献的支持。

《六九星分野》《九颗陀尼星》《二十八宿星》等篇目反映了彝族先民的天文水平，这是制订历法的基础，又是进入古代文明的标志之一。

《窦米能源流》《笃米的根由》《笃米的六个儿子》《"吐"分崩离析七勾则》《目确三嫡长》等篇目，反映彝族以祖先崇拜为核心的原始宗教内涵等。《物始纪略》记录了古代彝人眼中的客观世界，也反映了他们意识中的主观世界。

承载古代文明的《彝文金石图录》

彝文的金文，到目前为止，发现有四件，保存的有三件。其中的"祖祠擂钵"亦称"祭祖擂钵"，系1972年在贵州赫章珠市乡铁矿村磨石沟出土，该擂钵经贵州省博物馆的有关专家鉴定，系战国至汉代的文物，铸有"祖源手碓是"五个阳文彝字，铸有彝族《祭祖经》故事，《彝族美术·西汉时的彝族祭祖擂钵》介绍说："雄鸡、梅花鹿、蜘蛛三组形象造型系一个整体，出自彝族历史文献《祭祖经》所记载的典故，彝族先民武洛撮有弟兄十二人，其中十一位改变了彝族传统习俗，武洛撮也开始动摇，诺师颖极力劝阻，并要他建立和规范祭祖制度，做到有章可循，树立自己的旗帜以防止变化。为请天上毕摩神（统治集团中居第三，传播传统文化，主持祭祀的知识分子）恒阿德前来制典章，立礼仪，武洛撮连派雄鸡和梅花鹿前往恳请，都被恒阿德点上惩罚性标记，而蜘蛛以牺牲性命为代价表示诚意，终于让恒阿德感动，为武洛撮成就了大事，保住了彝人的根本"。"祖祠擂钵"的图案和文字相互表述和印证了所表达的内容内涵。对"祖祠擂钵"的发现，1995年8月11日的《北京晚报》以《贵州考古新发现》为题作了报道。同年8月14日的《光明日报》以《西汉擂钵证明彝文有两千岁》为题作了报道，8月17日，《人民日报（海外

选自《彝文典籍图录》

彝文，彝族文明的标志

摩尔根在《古代社会》一书中，将古代社会进程分为蒙昧、野蛮、文明三种形态，其中文字的创造发明使用是野蛮与文明的分水岭。文字是社会进入文明的标志，计算机是社会进入信息化的标志，两者的发明意义同等重大。在我国，土生土长、并各成体系的文字有三种：中文（汉文）、彝文和纳西东巴文。彝文的创造发明使用是彝族对中华文明与中华文化宝库的丰富所作出的历史贡献。彝文的创造始于什么时代，这是一个众说纷纭的话题，有人认为有上万年或以上历史，有人认为有数千年的历史、或千余年历史，还有人认为才有几百年的历史。然而，彝文曾经在广大的彝区被统一使用过，用彝文能释读西安半坡刻画符号、贵州威宁中水等地出土陶文，能释读出古巴蜀青铜器上的刻文。

....
明·成化钟

版）》以《贵州发现彝文西汉擂钵》为题作了报道。当时的《新华每日电讯》也作了类似的报道。

　　第二、三件彝文金文为战国至西汉的铜印章，都出现在贵州毗邻的云南昭通，第一枚为"夜郎赐印"（直译"夜郎赐手司印"），该印由昭通的张希鲁先生交给原西南师范学院的邓子琴教授，后在"文革"中丢失，现云南昭通市博物馆木质复制件存放。第二枚为"统管堂琅印"（直译为'堂琅山里手辖印'），现由云南省昭通市卫生局干部熊玉昆收藏。这两枚铜印先后为毕节地区彝文翻译组罗国义、王世忠、王继超、

王子国等人翻译。

　　第四件彝文金文为《明成化钟铭文》，系 1982 年在贵州省大方县城关小学内发现，因钟面彝汉文均注明是铸于明成化二十一年（1485 年），故称之"成化钟"，迄今 521 年，现存有彝文 128 字。

　　彝文的石文，即以石质为载体的彝文古籍，以墓碑、路桥碑、记功碑、摩崖等形式存在，在贵州彝区有数千块，以毕节市为例，至少也有 2000 余块。金石彝文以碑刻与摩崖为主，在黔西北的周边彝族居住区呈网状分布，东南面的安顺、六枝、水城等市（县），西北面从四川省的古蔺、叙永，云南省的镇雄、彝良、昭通到四川凉山的雷波、金阳，西南面从云南省宣威、沾益、昆明往红河州，从会泽、东川到楚雄州境内，连片的各个地方，都陆续有一些发现，或多或少得到一定的搜集、整理与研究。取得的成果有贵州省毕节市和六盘水市合作的《彝文金石图录》第一辑（四川民族出版社出版），毕节市彝文翻译组完成的《彝文金石图录》第二辑（四川民族出版社出版），毕节市彝文翻译组和赫章县民宗局古籍办合作完成的《彝文金石图录》第三辑（四川民族出版社出版），云南省楚雄彝族文化研究所朱琚元研

究员编的《彝文石刻选译》（云南民族出
版社出版）。成果总数为 139 块（件），
其中铜钟铭文、铜擂钵铸文各一件，在这
些金石彝文中，字数多的是碑刻类，位于
贵州省大方县鸡场乡和黔西县林泉镇的《水
西大渡河建桥碑》（现搬至大方奢香博物
馆内）有彝文 1972 字，其次是位于贵州省
毕节市阴底乡大屯村坝口的《李雨铺四棱
碑》，有彝文 1856 字。所取得的 139 块（件）
整理翻译研究成果，仅是彝文金石丰富资
源宝库中的冰山一角。

　　以金石为载体的彝文古籍就全国的民
族古籍而言，是最具特色的，而贵州的金
石彝文从数量、还是年代以及所录内容等
在全国彝区都是首屈一指的。彝族的水西
慕俄勾政权历来有重视彝文使用、传播、
整理的传统，如水西阿哲部的第 29 世君长
洛那阿阔就曾经对彝文进行过整理，其事
迹因此见诸于《诺沤》《滇系》等彝汉文
献中。然而，在奢香之前，彝文使用与传
播总的还是呈封闭和保守的势态。有一种
传统禁忌，就是绝对不允许把彝文放在野
外，怕被践踏和污染，认为彝文被践踏和
污染，会亵渎文字神、书神、知识神等神灵，
如果亵渎了这些神灵，必然会遭他们所谴。
这种禁忌习俗，至今仍有存留，如毕摩所
念（用）的经书禁止女性触摸；一年一度，
杀白公鸡以祭文字神、书神、知识神等，
谓之"祭书神"。祭祀时，通常用鸡毛蘸
鸡血一并贴于书上，这就是历史上彝文使
用封闭、保守的一种遗存。

　　元明时期，随着土司制在彝区的实行，

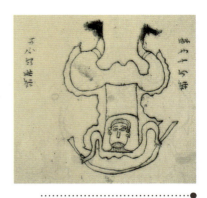

选自《彝文典籍图录》

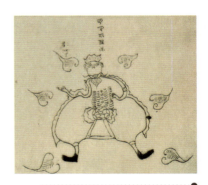

选自《彝文典籍图录》

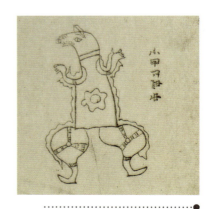

选自《彝文典籍图录》

长期以来的封闭被逐渐打破，彝汉文化的交流也随之活跃起来。特别是彝族杰出女政治家奢香夫人当政袭任贵州宣慰使后，为维护国家的统一和边疆的巩固，加强同朝廷中央与周边的联系，开通了纵横贵州，连接湖南、四川、云南的东西、南北的两条道路，并立龙场九驿于水西境内，同时，积极引进先进生产技术，以发展生产，带头遣子弟到京师入太学，学习和引进汉族文化，加强彝汉文化的交流。对内则进行了卓有成效的改革，把彝族文字的使用从神秘中解放出来，打破了传统禁忌的坚冰，使彝文成规模地出现在金石等载体上，使用范围逐渐扩大，彝文从传统的传经记史的功用扩大到记账、契约、记录歌谣、书信往来等日常生活中。奢香夫人对彝族古籍文化中金石彝文的传播作出了巨大的贡献，其贡献及其影响不单在当时的贵州宣慰司地盘，还延伸和辐射到周边的彝区，如乌撒地区、四川的永宁宣抚司地区，云南的乌蒙、闷畔、磨弥等地区。奢香夫人对彝族古籍文化所作贡献，有必要给予充分的肯定。

　　同以纸质为载体的文献古籍比较而言，以金石为载体的彝文古籍，打破彝文文献古籍既无写作年代，又无作者署名的传统与常规，金石彝文在署明了年代的同时，还刻录下作者、书写者乃至工匠等相关人员的名和姓，为后人的研究与利用提供了方便，在深深刻录下古代文明的同时，所体现的创新作用与意义也是十分重大的。

人神世界桥梁的《彝族指路丛书》

　　在彝族的原始宗教观念里，世界上的万物有生有灭，但灵魂不灭。就人而言，死后还留下三魂，在这三魂中，有一个称"傶"，它因为愚钝本分，也就守着土、火等葬场或墓地；名叫"倚"的，可以坐享其成，不劳而食，它的职责是被恭迎到祖灵位内，常要享受子孙后代的虔诚供奉；名叫"倨"的那位，它的命名就与不安分有关，因而注定了赋予它千辛万苦，沿着老祖宗进来的路线倒回去，到一个称之"翁靡"的地方，与老祖宗会合，寻找最后的归宿。就是叫"倨"的那位亡魂，它去"翁靡"很难，它的子孙更难，毕摩手里的《指路经》念动才是它的准入证。

　　为了《指路经》的念动这一准入证的获得，亡魂"倨"的子孙要"打牛染红了山顶、打羊铺白了山腰、打猪填黑了山脚"地举行丧祭，三天三夜，或七天七夜，或七七四十九天。毕摩几乎要念完所有的丧祭仪式经，念《献水经》《献茶经》《献酒经》《供牲经》，盛情款待死者亡魂（三魂）和天地诸神；念《延请毕摩经》《清毕摩根谱经》《借助神力经》，请天上的毕摩神，毕摩的保护神，历代的毕摩高人到丧祭场主持仪式；念《追杀司署（勾魂鬼）经》，使亡魂远离恶鬼；念《消除灾难经》，使亡魂脱离灾难；念《解除病疫经》，治愈亡魂生前的疾病；念《丧祭仪式大经》，向亡魂讲述一番人类的来源与发展的历史，演示一番浓缩了的人生一般的经历；念《解除冤怨经》，为亡魂解除与生俱来的冤过、父债子还、祖债孙还的冤债，在一生经历中所犯的各种过失、罪孽，取得清白的资格，以获取"指路"准入证；念《破死神·哭灵》，使亡魂与其亲友渡过最难熬的生离死别仪式关。

《彝族指路丛书》中的亡魂"偌"的归宿是"翁靡"，再归宿是星空。翁靡，即中央故土、东、南、西、北分属金、木、水、火，序数为一、二、三、四、中属土，序数为五。翁靡直译为"五地"。彝族先民认为自己居住的地点属世界的正中，即"诺濮"，居住"诺濮"的人即"能素"或"尼苏"、"诺苏"等。因受叶落归根与祖宗崇拜观念的影响，故人死后归于祖，归于祖宗故地的"正中"，即翁靡。然而，各地所确认的"翁靡"不在同一个地方，如四川《指路书》中的"翁靡"（额木）在云南昭通、曲靖，贵州威宁等地；楚雄、红河等地的《指路书》确认"翁靡"也有贵州威宁草海一带或昭通，贵州的《彝族指路丛书》一致确认"翁靡"在云南的点苍山麓、洱海之滨。这一点，尤以大方《彝族指路经》说得清楚和形象，《爨文丛刻·指路经》在解释"娄慕密尼"这一地名时说，"娄慕密尼"就是"点苍山"，把"点苍山"和"点苍实液"两处形象比喻做姨妈亲，把"娄慕密尼"当作"牦牛徼外"的不正确认识在这里得到了更正。这与其他的彝文文献记载的彝族先民什勺氏、慕（米）靡氏、举偶氏发祥于点苍山麓、洱海之滨的情况是吻合的。彝族历史以哎哺、尼能、什勺、慕靡、举偶、笃慕——介祖为时期的先后顺序传承。其中什勺、慕靡、举偶三个的时期以苍山麓，洱海滨为活动中心，慕靡嫡传的笃慕——六祖时期，迁到今云南的会泽县和东川区一带分支，然后再迁往黔、滇、川各地。缅怀故土，落叶归根，于是就有了为亡魂指路回祖宗故土的习俗，《指路经》就复原了彝族迁徙历史，即指引亡灵从其住地、葬地经威宁草海、牛栏江、云南会泽、东川、昆明、玉溪（楚雄）、弥渡、祥云到点苍山麓、洱海之滨与先祖汇合。

亡魂“偖”回归“翁靡”的旅程充满了艰辛，甚至恐怖。《指路经》记录死者灵魂去“翁靡”归祖经过的或三十余、四十余、或五十个地点，这些地点记录彝族先民一代又一代生活与迁徙的历史，它对山川河流等自然风光的描写、对迁徙途中艰难险阻的讲述等都是令人难忘的，有七十座山蜿蜒相连的米则山，道路崎岖，难以翻越；在愁次勾纪渡口，摆满了眼花瞭乱的各色新旧船只，辨认十分困难；纪妥打姆悬崖绝壁的攀越，也准备有眼花瞭乱的各色新旧缆绳，很难把握；惹那木体的原始森林里充满了恐怖，在那里“虎啸如鼓响，熊叫如雷鸣，豹多如黑云”；到了古楚愁惹地方，荆棘丛生，遍地是毒虫，又有成群的野狗挡道。难关是一道接着一道。

对于三魂中“偬”的安置，即彝族的葬俗，《彝族指路丛书》提供了权威的记录，据《毕嘎苏》《彝族源流》等载：出自笃氏家族的吐（其谱系为蠹笃雅吐—吐实楚—实楚姆—楚姆哺—哺雅确—确恒奢—奢雅舍—舍雅啥—啥雅武—武雅僰，计以 10 代下传，实楚、乍姆、笃勒、笃慕、笃叟厄、笃武古等，均出自笃氏一族），（亦出自笃氏家族，其谱系为为：笃洛我—洛我鲁—鲁尼乌吐—乌吐苦—苦雅那—那乍姆，计有 6 代）一道，为米靡时期布僰毕摩流派有十大弟子之首，实楚与乍姆两位在布僰毕摩流派中的成就最高。

亡魂“偖”在毕摩的引导下，经历了千辛万苦后，终于来到了叫“祝斋苦”的地方，《彝族指路丛书·卷七》写道：“到吉苏博卧，望见祝斋苦，在祝斋苦，三位天君，守在祝斋苦，分开迎送者，迎者爷古匹，送者德啥妣，迎者往里走，送者泪淋淋，送者洪汝里，送者董默妻，送者返回家，全都返回家，骑马返回家。到了祝斋苦。祝斋苦，又叫则额法，又叫笃恒补，有三个名称 ...... 天黑星辰出，祝斋苦门庭，三位天君，守在祝斋苦，分送生死者，死者骑魂马，快如纺车转，死者的猪牛，如红柿满枝，送到翁峨吐。送者拄青杖，在人间，在欧古之外，死的去翁靡，活人魂归来。”“祝斋苦”有“欧吐峨阁”和“欧那峨奏”两道大门，沽色尼、能色能、布色啻三位天君在此分辨生死者的灵魂，即亲友等活人的灵魂与死者的灵魂“偖”，生者和死者的灵魂是不可兼容的，三位天君把死者的灵魂“偖”放进“欧吐峨阁”和“欧那峨奏”

两道大门的同时，把生者的灵魂挡在了门外。如果说《彝族指路丛书》是人神世界的桥梁的话，沽、能、布三位天君就是这座桥梁的守护者。

死者灵魂要居住三年三月三天的"翁靡"，那是一个理想的世界，在那里，有永恒的自然恒温，无春夏秋冬四季之分，稻谷和荞子的茎秆粗如碗口，谷粒荞粒斗样大，死者灵魂尽可不耕而食，不织而衣。尽管如此，还是不能与茫茫的星海相比，天上的太阳才是君长的归宿，月亮才是臣子的归宿，称之"帝星"的北极星才是毕摩的归宿，满天的星斗任黎民百姓去寻找归宿。在这里，把星辰崇拜与等级观念有机地融合到一块。

《彝族指路丛书》的前言说："在彝族人民的想象中，山川险阻，路途遥远，且多险的归途，非如此（指披坚执锐）不足以自卫，人们常常是根据人世间的社会实际去构想人死后的情景，亡灵披挂上马回故土，说明彝族先民在迁徙中就是这样走过来的。这是历史的折射。"在丧祭场出发前，毕摩要亡魂"偌""握鞍鞴撵牛，身穿上战甲，手中握战戟"，顺利地从人神世界的桥梁上通过。

● 十月太阳历，一把开启古代文明的钥匙 ●

文字的创造发明使用是野蛮与文明的分水岭，文字是社会进入文明的标志；历法的发明和运用亦是一个民族文明的重要标志之一。早期的人类在渔猎、游牧、农耕等生产活动中，特别是农耕活动，必须仰观天象，俯察草木枯荣，区分气候，以定季节年月，由此产生了历法。《西南彝志》第四卷载："策耿纪天君，讲了重要话，作建立年分指示，用十二棵树纪年；署府作决定，用十二块石纪月。十二棵年树，生在密姆娄嘎，耿纪不知年，就去看年树。署府不知月，就去察月石。"这是早在遥远的哎哺时期彝族先民的原始纪年的方法。发展到后来，彝族先民在生产生活中创立的一种称之"十月太阳历"的古老历法，是彝族文化中最能代表这个民族先进性的标志。

彝族太阳历用十二属相（虎、兔、龙、蛇、马、羊、猴、鸡、犬、猪、鼠、牛）轮回纪日，一个属相周为十二日，轮回三次为一个月，轮回三十

彝族历书

《宇宙人文化》中的天地经纬与清浊气运行图

次为一年。即每年十个月，每月三十六天，共三百六十天。余下五或六日谓周天数置于岁末，不称月，而作为过年日。十个月划分为五季，每季以土、铜、水、木、火五行要素为名称，再配以公、母区分各月，即一月土公，二月土母，三月铜公，四月铜母，五月水公，六月水母，七月木公，八月木母，九月火公，十月火母。每季两月，单月为公，双月为母。五季分别代表太阳运行的东、南、西、北、中五个方位。

彝族十月太阳历也称十兽历，彝族先民利用"立杆测日影"的方式来观测太阳的运动规律，设置 10 种神兽作为平台，每"兽"代表一个不同的月份，一月为黑虎、二月水獭、三月鳄鱼、四月蟒蛇、五月穿山甲、六月麂子、七月岩羊、八月猿猴、九月黑豹、十月四脚蛇。以三个属相周 36 日为一个月，每轮回 30 个属相周，360 日为一年，10 个月完后，另外 5 天（或 6 天）为"过年日"，平年为 5 天，每隔 4 年的闰年为 6 天，这样 4 年平均为 365.25 天，与回归年数值非常相近。

根据对太阳的运动观测，以太阳运动到达最南点时为冬至，到达最北点时为夏至；又以北斗星的斗柄正南指为大寒，正北指为大暑。按照彝族习俗，大寒临近时过"十月年"，大暑临近时过"火把节"。

在贵州彝区，虽然早已没使用太阳历了，但在古乌撒地区，尚以十月为岁首，留下曾使用过十月太阳历的痕迹，如彝文古籍《解除灾星经》扉页记录有德布、德施两支系记月换算。十月岁首者，系德布氏之记月。较之德施氏，正月提前三月。

斗转星移，沧海桑田，彝族十月太阳历如今已淡出了人们的生活。但作为一项宝贵的文化遗产，它是一把人们认识古代文明的钥匙。

着装 ZHUOZHUANG
JIANQIJIE 见气节

● "英雄结"与凤冠 ●

"英雄结"与凤冠，是彝族男女
标志性发式。男性绾的"英雄结"，
又叫"天菩萨"。彝族先民认为，人
和万物都有灵魂，人与灵魂相互依存
又必须相互保护，无论大人小孩理发
时，头顶靠前额处要留住一绺头发，
彝语称"苟闭"或"冶烘柔斗"，意
为供灵魂在那里栖息和藏身，包头帕
时，将灵魂栖息和藏身的毛发用布裹
成牛角的形状，使它向上高高地翘
着，以表示威武与雄壮，散发出阳刚
之气。彝人的"英雄结"，历史上，
汉文献称之"椎髻"。《史记·西南
夷列传》称"皆魋结"，指的是汉代
的彝族。《新五代史·卷七十四·四
夷附录第三》载："昆明，在黔州西
南三千里外，地产羊马。其人椎髻、
跣足、披毡，其首领披虎皮。"唐代
樊绰《云南志·卷一》载："东爨乌
蛮也．男则发髻，女则散发。"元代
李京《云南志略》称："男子椎髻，
摘去须髯，或髡其发。"元代周致中

彝装沿革

彝族的着装，式样古今变化很大，服装的面料上曾先后使用过皮、麻、毛、丝绸、棉布等，现代也有化纤产品。虽然面料和式样已改变，但仍保持着本民族具有标志性的风格与特征。

彝族"英雄髻"着装

《异域志·西南夷》载："国人椎发跣足，衣斑花布，披色毡，背刀带弩。其人勇悍，死而无悔，西戎皆畏之。"清道光《大定府志·疆土志四·夷俗》载："其为人长身而深目钩鼻，黑面白齿。男子薙髭而留髯，以青布束发，结髻向前如角状，短衣大领，袖常齐膝，腰系蓝裙。"彝族头上绾的"英雄结"（天菩萨）很讲究，如布摩的始祖，知识神布梗举奢哲用银装饰他的发髻，见闻与智慧神阿买妮则编着饰金的发辫。在清代的贵州地区，"改土归流"后，在彝族头面人物的示范下，许多男性都蓄起了清朝的满式辫子，辛亥革命推翻清朝统治，大家都割去了辫子，彝族绾"英雄结"发髻的习俗随后才慢慢恢复，但都不再把一绺头发绾进角状的装饰里去了。

凤冠，彝语称"诺娄安珌（音cou）"，意为缀满了雀鸟形象的头冠。彝文文献《乌鲁诺纪·安珌蒂》介绍说："凤冠有讲究，婚嫁时专戴，在那古代时，原姻亲交恶。默阿德此人，向舅家提亲。如白鹤展翅，去到了远方。布家轮为舅，妥女吞姑娘，执意不肯嫁。天君地王议，由天君许婚。开阿纣出来，立于天门旁，大声传天意：不准不出嫁！天命舅有女，戴遮羞面具，戴铁织状物！女面带笑颜，怕见舅羞涩，用凤冠遮面，妥吞女始兴。丝锦线交织，绫与绸交绾，好比树梢上，挂满了树苔。凤冠带富贵，有非

水西女土司金冠

常威势。根源是这样。"凤冠是婚嫁时的专戴。

　　彝族妇女头戴的凤冠多为银质，少为金质，金质凤冠只有王室和后来土司的女眷才有可能佩戴，银质凤冠也因用料多，打造要求精致，价格昂贵，也只有彝族的上层和富户的女性才有机会佩戴。彝族女性在戴凤冠的同时，"银作梅花以饰额，耳戴大环垂至项"（《大定府志·疆土志四·夷俗》），或金耳坠，坠大如梅花状，两坠以链相连围于脖颈间，再同其他头饰（如须珠饰物）和衣饰、手饰（金银手镯、戒指）等交相辉映，表现出雍容华贵的形象与气势。

彝族银凤冠

彝族银头饰

● 披毡与"查尔瓦" ●

身着披毡的彝家汉子

　　毡子,曾经与彝族人贴身了数千年,在床上作垫、盖,晴时用来遮阴,雨时用来挡风雨,冰雪交加中用来御寒,背负重物时用来垫背,做成礼服取的是它的刚劲,女子出嫁时用它陪嫁也是风光的,战时甚至用来挡刀枪箭矢,真是"离了盐巴就不咸,离了披毡才无奈"。无论地位多高,都须臾不离披毡,元代的李京在《云南志略》里说:"男女无贵贱皆披毡。"唐代的樊绰记录说:"其蛮丈夫一切披毡,其余衣服略与汉同,唯头囊特异耳。"

　　《新五代史》载:"天成二年,尝一至,其首领号昆明大鬼主,罗殿王、普露静王九部落,各遣使者来,使者号若土,附牂牁以来。"宋代周去非在《岭外代答》中记载:"西南蛮地产绵羊,固宜多毡毳。自蛮王而下至小蛮,无一不披毡者,但蛮王中锦衫披毡,小蛮袒裼披毡尔。北毡厚而坚,南毡之长,至三丈余,其阔亦一丈六七尺,折其阔而夹缝之,犹阔八九尺许。以一长毡带贯其折处,乃披毡而带于腰,婆娑然也。昼则披,夜则卧,雨晴寒暑,未始离身。其上有核桃纹,长大而轻者为妙,大理国所产也,佳者缘以皂。"

　　因为披毡的需求量大,在古代的乌撒地区,还出现了以专业的擀

行走在支嘎阿鲁湖边

毡作职业的群体，如彝语称之为"阿武那"的蔡家人群体，他们的主要职业是擀制毡子。他们擀制的毡子，不仅供应给当地，而且作为商品随马匹往外交易，传到了中原一带，到明代还成了贡品，明洪武"十七年（1384年）割云南东川府隶四川布政司，并乌撒、乌蒙、芒部皆改为军民府，而定其赋税。乌撒岁输二万石，毡衫一千五百领；乌蒙、东川、芒部皆岁输八千石，毡衫八百领。又定茶盐布匹易马之数，乌撒岁易马六千五百匹，乌蒙、东川、芒部皆四千匹。凡马一匹，给布三十匹，或茶一百斤，盐如之。实卜复贡马，赐绮钞"。乌撒地区每年的赋税中，毡衫就占了一千五百件。

披毡还被做成各种颜色，如元代周致中在《异域志》中提到西南夷人："国人椎发跣足，衣斑花布，披色毡。"在彝文文献《细沓把》和《古歌·曲谷走谷》里，也不时有"汉子披黑毡，色如锅烟黑，迎了走过来"的人物着装形象的记录。到了现代，一方面是擀毡技术失传，另一方面，毛料、纤维绒等等更轻便的材料也可制成替代披毡的披风。通过同四川凉山等彝区的交流，由凉山"加史瓦拉"演变为"查尔瓦"的反映披毡的彝语流传到各地彝区，并逐渐被接受，"查尔瓦"一词基本成了披毡的代名词。

少男少女的着装

"头帕"与"百褶裙"

　　彝族男女，从青年到老年，在二十多年以前，都喜欢用青布或黑绉绸缠头，叫做包帕子。在彝语中，头帕、专制头巾、帽子等头饰统称"我括"或"我且"。男性缠头帕比较简单，一般先缠一条毛巾，再缠上几圈青布或黑绉，以四个方向缠出棱角为佳。女性缠头帕比较复杂，先以毡条用布裹缝制一个圈，圈上缠色彩艳丽的毛巾，再缠青布或黑绉绸来固定，在头帕的边沿适当露点毛巾，黑与白或粉红等色调形成鲜明对比，以衬托出面容的姣好，给人以强烈的视角冲击，展现出彝族女性的自然美，青年女性的头帕缠出四边的棱角，老年女性多将头帕缠成人字形。一些头帕也缠得比较大，《大定府志·疆土志四》上说："夷俗女子分发为二，亦用青布缠之，结髻如盘大。"青年女性的头帕的装饰还有许多空间，有的在头帕上制作装饰珠须，遮挡面额的头帕盖，称之"我抵珊惹"，有的在头帕上加系刺绣花带，延至后脑后，为从头贯下的数尺长的花飘带。一些头饰在

女老年人头饰

现代女头饰

黔西南彝族女头饰

威宁新发女头饰

彝家歌手的着装

头帕上缠系人字形彩色饰带，马街式系人字形彩色饰带上有云纹、五行、八卦等图案，反映出彝族文化的深厚内涵和元素符号。

彝族戴头帕有讲究，家中遇到丧事，属德布支系的改缠白色头帕，属德施支系的改缠黑色头帕，直到丧事结束为止。女性平时将发辫盘在头上，禁忌披头散发或垂拖辫子，只有在父母和公婆死去办丧事哭灵时才能披头散发或垂拖辫子。哭灵时的披头散发或垂拖辫子称之"斡蚩仪式"，仪式结束必须将发辫盘回头上。目前，随着外界影响的深入，女性披头散发或垂拖辫子的禁忌已被逐渐打破，年轻人甚至失去这种历史习俗的记忆。

彝族女性古时着蓝白黑相间的三色三节百褶裙。百褶裙用麻、棉布、丝绸等材料制作。百褶裙在彝语中，口头语称"卓葳"，书面语称"啥侯"，做嫁妆用的称"拜买"。《大定府志·疆土志四·夷俗》载："裙细褶无数，用布至三十余幅，下垂至足，无裤袴。"贵族女性以百褶裙用料幅度的大和多来张扬地位，相传奢香夫人的裙摆长长地往后拖，或说由四名、八名、十二名侍女替她牵着，由此留下"be³³me³³tse²¹拜买柴"的典故，"拜买柴"现引申为不离左右地紧跟随他人的人。1981年10月，时任威宁彝族回族苗族自治县龙场区区长的罗德云（布依族）提供说："土改分地主浮财，发耳土目家有一条裙子，让一个人背到龙场去交公，先时还背得动，背了攀上乐居岩上时，突降一阵大雨，把裙子给淋湿，那人硬是背不动了。"这个说法是对当时彝族贵妇人以着厚、大裙来张扬地位的印证。

威宁板底的彝族少女

明清到民国时期彝族女装的演变

● 勒 拍 勒 启 与 乌 蒙 "四 柱" 装 ●

身着"勒拍勒启"的彝家女

乌蒙女装展示

勒拍勒启，是彝族女性服饰中肩饰和颈饰的统称。

勒拍，是彝语的记音，专指女性肩上的装饰，应当归为坎肩和霞披一类，由不规则的葫芦、蝴蝶及类似船锚等造型的刺绣吊块，按衣服的圆领串连。这种装饰，常见盘县和六枝一带的彝族女性在佩戴，在文献中也多出现，在收藏的文物里也能见到它的面目。它宛如一朵朵的云霞吊挂在女性的肩上，因此给它取了个动听的名字——霞帔。吊块上的刺绣表现桃李花开绽放芬芳，透出盎然春意，寓意女性的美好青春，对美满婚姻和幸福家庭的追求与憧憬。

勒启，是彝语的记音，专指女性的颈饰。相传这种装饰是得到鸟类的启示得来的，鸟的美丽是颈子掩藏的结果，因此，女性就竭力用金银打制饰品，把脖颈给掩藏起来，达到美轮美奂的服饰与姣好的面容相互协调、相互映衬的目的。

乌蒙"四柱"装在明代以前，彝族女性衣不过膝，衣的下面为蓝白黑三色相间的三节裙。清雍正初年的"改土归流"扩大化，不单是官员的任用上安排流官而革除土官，在民间还强行规定彝族不准搞火葬，不准说彝语，妇女不准穿裙子。妇女们无奈只好把衣服加长，把下装改作宽裤子，并加

彝族乌蒙型马街式女装

乌蒙少女装

乌蒙马街装

上花饰，以示怀念裙子，在这一历史背景下形成至今的彝族乌蒙"四柱"装。

乌蒙"四柱"装的长衣宛如旗袍被稍加宽，肩上、袖口饰挑、滚、刺绣花，长衫的前襟和后襟各以挑、绣、滚吊两柱花，俗称"吊四柱长衫"。吊四柱的前襟按两组两个以上涡旋纹组合，后襟按三组两个以上涡旋纹组合的滚花图案摆布，涡旋纹象征五行。肩上与涡旋纹边的花刻意表现杜鹃花、蝶恋花、心灵美、多子多福等美的意识与历史文化及民俗内涵。

表现历史文化内涵方面，突出彝族八卦。彝族八卦彝语称之"吐鲁恨佉"，它是彝族先民总结方位规律的符号，又系二进制的四倍数。彝族先民把天地、日月、昼夜、阴晴、男女等这些事物与现象归纳为黑白两种颜色及抽象符号，用黑白两蝌蚪互抱运动图表示，彝语称之"输毕孜"或"米古鲁、靡阿那"。彝族八卦和"输毕孜"是彝族服饰中有着明显意义与代表性突出的文化图案，尽管这种图案被表象地认知为"涡纹"、"涡旋纹"或"羊角纹"等。但"输毕孜"的图纹变化丰富，又善于被表现，因而常常出现在各型各式的彝族服饰中，不仅表现在抽象的表象符号上的共同喜好与认同，更重要的是，表现了对深层次的文化内涵意义上的认同。"涡旋纹"滚制出的图案与其他刺绣或挑出的花样交相辉映，在深色的衣底上宛若盛开出的杜鹃花、茶花或甜荞花。

乌蒙型彝族服饰的马街式，除长上衣、特色裙、腰带等乌蒙形服饰所必备的要素外，着意在头饰上表现彝族八卦，表示"输毕孜"或"米古鲁、靡阿那"的"涡旋纹"，把彝族文化的深厚内涵重点地突出在头饰上，有着自己独到的款式和特色。

乌蒙 WUMENG
TONGHUANQING 同欢庆

● 篝火照亮火把节 ●

　　当直立行走的古猿人食用火炙烤过的熟食后，大脑得到充分的发育与扩张，从而进化为原始人，工具的制造与使用，把人和动物彻底分裂开来，经过新旧石器时代，随着火的使用技术日臻完善，金属的冶炼并被制作成工具，才使人类的劳动技能得以最大限度地延伸，从而进入文明社会。这就是火带来的幸福，人类的生存离不开火，而彝家对火情有独钟，并以火崇拜为核心，形成了独具特色的火文化，在五十六个兄弟民族中被称之为火的民族。

　　彝族火把节的来历，有许多优美的传说。从前，一个叫做诺鲁的彝家寨，住着一对恩爱的夫妻，男的叫布娄，女的叫舍玛。舍玛精心绣制一个闪光的香包给丈夫布娄佩带，布娄于是连交好运，他每次出征都得胜而归，并总是逢凶化吉，这件事不知怎么让君长兹摩阿纪知道了。舍

咂酒敬贵宾

玛天仙般的美貌和精巧的手艺都让阿纪垂涎三尺，魂不守舍。阿纪借派布娄出征之名，在半路把布娄杀害了，夺得布娄佩带的稀世珍宝——闪光的香包，接着派兵抢去舍玛，逼迫舍玛随即与之成婚。舍玛假装答应阿纪，要求阿纪于这年的六月二十四日，以九百捆高山柴，九百捆平坝柴为布娄焚尸；以打牛染红山顶，打羊染白山腰，打猪染黑山谷为布娄作祭为条件，方才应允。阿纪为得美妇，成婚心切，只好照舍玛的条件勉强去做。正给布娄焚尸作祭，趁无人注意时，舍玛投入焚烧布娄的大火中，以死徇情。后人为纪念舍玛，每年六月二十四日举火把纪念她，由此演化为节日。

还有传说叙述说：很古很古的时候，勤劳勇敢的彝家迎来了一个金色的秋天，眼看就要丰收了，可天王举祖却不愿让彝家过上好日子。他派下一个名叫阿且的大力士来践踏庄稼，彝家义愤填膺，纷纷推举勇士阿荣同阿且比试高低。搏斗了三天三夜后，阿且败下阵来，逃到点吐山时被阿荣追上杀死。天王举祖恼羞成怒，连降雨点般蝗虫，要把所有庄稼都吃光。彝家眼看一年的辛苦就要落空了，于是每人手执一火把，把所有蝗虫一烧而光，夺得了丰收。从此，每年的农历六月二十四日这天，就成为彝家点燃火把，除恶灭害，共庆丰收的盛大传统节日。

实际上，彝族火把节是根据彝族十月太阳历来定的，一年以十个月计算，一月以三十六日计算，以北斗星斗柄指向定季节，斗柄正下指南为大寒，在这段时间过十月年节，即彝族十月年。斗柄正上指北为大暑，在这段时间过节，即火把节，又叫做星回节。

火把节期间的活动是丰富多彩的，村寨中散发出咂酒诱人的香味，百听不厌的乡音旋律从唢呐、月琴、口弦等各种古老乐器中奏出。

青年男女也借此机会展示绚丽多彩的服饰，赛装、选美活动也会有序地展开。

节日的撩动，会使人心驰神往，同四面八方络绎不绝、前来观光的宾客汇集一起，去通过用花和松枝扎制的迎宾彩门，在以金银铜为序的三道门的通行中，品尝彝家小伙抬出的咂酒，彝族姑娘捧出的水花酒。为领略彝族浓浓的风情，迎宾舞曲会把你同主人家和谐地交融在一起，彝族歌舞《阿西里西》的旋律让大家手拉手、心连心。

火把节中有机会观赏彝家的赛马、摔跤、斗牛、斗羊活动，获胜的小伙子，还有那赛赢的马、羊、牛都披红戴花，这是一道靓丽的风景。

"顺风耳"传情

盛大节日

赫章结构节日盛况

姑娘和小伙子们把秋千荡，展示飞燕凌空，矫健结缘；磨磨秋也等待人们去展示技巧，领略什么叫做雄风。

在石峰下面，箭竹丛中，六月杜鹃花下，百合花旁，三五成群的青年男女分做两队，大展歌喉，用长篇《咪古》古歌对赛，比才斗智；涓涓流淌的小溪两岸，有青年男女在玩用蛇皮、竹筒和麻线制作的"顺风耳"，在相隔几十米的两端互打"土电话"问候，一首首"曲谷"情歌从话筒的这边送到那边。

临时搭起的摊点上，摆满彝家的"蜂蜜蘸荞粑粑""荞饭下冻肉""黑山羊汤锅""油麦汤圆"等风味小吃。

当夜幕降临时，彝寨的每户人家都要不约而同点燃火把，进行象征性的驱虫活动。火把绕自家的住房一圈后，大家又要把举着的火把汇集到一起，这时的火把会形成一条条火龙，喷出熊熊的火焰。顺着村寨转两圈后，移至田间地坎，山坡林下。这景致，犹如繁星降临彝家山寨，把山寨、田野点缀得格外璀璨。

待一会儿，山上的人们回到村寨边，燃起一堆堆篝火，人们围着篝火，在唢呐、笛子、月琴的伴奏下，拉开圈子跳起《阿西里西》《撒麻舞》《撒荞舞》《乌蒙彝舞》，把火把节的活动推向高潮。雕刻精美的牛角盛满一角角美酒，在人们之间传递。通宵达旦的活动，伴随着人们度过一个美好的不眠之夜。

● 载 歌 载 舞 庆 彝 年 ●

　　彝族历法的月建为建寅，即以寅（虎）月为岁首，十二属相排列和阴历是一样的，但次序又跟阴历不同，彝族的岁末即丑（腊）月是阴历戌（狗）月，寅（虎）月即正月是阴历的亥（猪）月，到阴历的寅（虎）月即正月时，彝历已排到了巳（蛇）月。直到现在，彝族在贵州的部分德布支系内，仍使用这种建寅彝历，建寅彝历与十月历的岁末刚好交汇在一个节点上。彝族过十月年，正是根据这种建寅彝历来过的。

　　过年先杀过年猪为过年作准备，家家户户都要宰杀过年猪，年猪的选择非常讲究，忌用有残疾、缺陷、老母猪、尾巴短小的猪。按找好的日子，杀猪时，猪头正对大门和神龛，在猪的头部下面，放烧红了的石块，覆马桑枝，用清水浇淋，以纯洁的蒸气，除去年猪身上的所有邪气，再杀猪，表示对祖先神灵的诚心敬奉。杀猪时就先割取猪胸脯的一绺肉，为过年供祖作准备。

　　过彝族年，首先举行的是祭祖活动，以家族为单位，每家每户各准备一份饭食、酒肉到祠堂进行奠祭祖先的活动，并进行集体进餐，以示一个家族的团结。

等你来赛歌

月琴叮咚弹伴唱

　　祭祖活动结束，在房屋内进行除尘，屋外打扫卫生，铺设神龛，在神龛板上铺设马尾松的松针，松针上前后压放两枝削了皮的马桑条，神龛的前两角插各插一枝马尾松枝。相传在神龛上插松枝（俗称黄松枝）的习俗起源于德布家的诺克博时期：为幺房的诺克博要分支远去了，母亲娜咪露要同其兄长一起守家业，不能与小儿子同去，于是抬一钵清水，用黄松枝和竹枝浇水，洒向克博的后面，祝福说："克博像黄松一样常青，像竹子一样发达茂盛，像江河一样源远流长！"为接受母亲的祝福，那一年过年，诺克博在神龛上铺松针，插松枝，从此以后，彝家过年就要铺松针，插松枝。

　　铺设好神龛，将三块烧红的石头，放在木盆或金属盆里，石头上放一把马桑枝，用一壶清水，从神龛脚开始浇淋，使蒸汽冒出，从左到右，熏遍房屋的每个角落，直到房前屋后，以示清洁、消毒和驱邪。团圆饭也称"团年饭"，要将酒肉饭菜用烧红的石头清水浇淋冒气熏了洁净，一一献祭祖先与诸神后才能享用，年饭要摆在铺满松叶的地上吃。吃完饭，要将所有农具作象征性的封存，特别将绳子类放到看不见的地方，将石磨的上扇支起，用五谷将石磨眼堵住，称之"喂磨"，待到过年后，择一与家中所有人属相日无关的日子，再将石磨放平，

挥帕即歌舞

反推三转，念"磨掉是非口舌，磨掉疾病和灾难，磨掉饥荒与盗贼……不磨威势福禄，不磨荣华富贵"等。

到午夜时，用准备好的猪胸脯那块生肉、米饭、坨坨肉和其他菜肴与几串小荞粑放到神龛上供放。几串小荞粑的供放，意为过完年祖先们回去时途中有干粮食用。选两天的交替时刻，宰杀一只公鸡，供初一的午饭时用，公鸡的宰杀也当然先要洁净。大年初一一早，黎明前后，要到井里打新水，称之"抢新水"，在同一寨子里，抢到第一瓢新水的人被认为最幸运。初一的午饭要放到桌子上用，吃饭时看八卦鸡的鸡头和鸡卦，看一年的年景和运气。

中午饭后，人们或到一处处的"韭菜坪"去聚会，在高高的山顶上的平坦草地，欣赏青年男女对唱情歌，欣赏老年人娓娓道来的习俗传说和古歌，或者自己积极参与在其中互动。也有的人们在村落边，择伸出横枝的古树枝上架设秋千来荡起，或进行"翻毛蛋"的集体体育活动。

初一到初三，尽情地玩，纵情歌唱，唱到太阳落山坡，唱得月亮领出星星来。

初二晚上，再一次给祖先供饭。初三早晨，五更公鸡尚未开叫前，各家都早早起床举行送祖先仪式，彝语叫"披毗合"。这种仪式，必须在黎明前万籁俱寂时就举行，表示对祖先神灵的尊重和祈求子孙后代的和睦与幸福安康。

送走祖先之后，家里进行三天以来的第一次大扫除，除保留神龛外，铺在地上的松叶一并清扫出去，撤下供祭品，食用祖先用过的祭品会得到保佑，除人们食用，还分一点给家里饲养的畜禽。

草坪即舞

● 百草坪上赛马节 ●

　　她像一位绿衣少女，怕她羞涩，云雾常给她披上神秘的面纱；轻佻的狂风为目睹她的芳容，一次次撩开她那雾的面纱。又像一幅巨大的天造地设的绿毯，被造物主随意地铺放在贵州的屋脊上。

　　百草坪，布满着沿阶草、知风草、羊茅草、火绒草等牧草和箭竹、杜鹃、高山栗等灌木的大草原，40 余万亩的总面积，12 万亩的草场面积，10 万亩的可利用面积，使它在海拔 2400～2800 米之间，成为中国南方最大的天然草场和西南重要的畜牧基地，享有"南方草原"美誉。

百草坪赛马场

　　百草坪的突出位置，彝族《指路经》称它做"笃烘米呢山，像妙龄姑娘"，不知什么时候，又有人给它取了个"祖安山"的名字。这位"妙龄姑娘"在嫁给叫"色图革乌"的梅花山时，受尽了千般的凌辱；再与韭菜坪结为连理时，终于才实现了她孜孜追求的爱情梦。

赛马去

　　笃烘米呢山"白云当披毡，狂风当马骑"，见证了百草坪彝名"阿哲姆扎甸"到赛马场的千年沧桑。彝族阿哲部循着乌君、武乍、古侯的足迹，东西两汉交替时期，从勿阿纳到妥阿哲的 5 代人，经营着西起今云南省宣威，经巴迪

骑手

侯吐（草海）、可乐大城，东到今贵州省大方、黔西这一片土地，将百草坪开辟为军马训练场和骑兵演习场，于是在妥阿哲之后，留下了"阿哲姆扎甸"的地名。随着阿哲部的东移，到三国末期，乌撒部紧追不舍，填补空白，到百草坪脚下称之"笃洪那娄"的今威宁盐仓安营扎寨，建立府第。

　　故土被人占据，阿哲家如芒在喉，必欲吐出后快，相传，有一次，

赛马

二十年前的百草坪赛马

阿哲家若卡大将军毕里驱率领大队兵马，要在百草坪同乌撒家一决雌雄，前锋由七十二人抬着一张巨弩来到了百草坪，乌撒家的若卡大将军候汝米勺装做一个放猪的女奴候在路边，问七十二位弓弩手，说那么多人抬一张打鸟的小弩要去哪里，众人都怒火中烧，鄙夷地说，一个小小的放猪奴晓得什么，来抬试试看！候汝米勺将弩轻轻接在手上，把弩拉满，一箭射中几百里开外的阿哲家宫殿的中柱上，阿哲家兵马感到一个小小的放猪奴尚如此厉害，要是遇上候汝米勺那还得了？于是统统落荒而逃，溃退回阿哲家境内去，百草坪边于是有了"阿哲缴"的地名，留下了古战场的传说。

又相传乌撒家自从那次不战而屈人之兵后，为挑选能骑善射的武士，开始在百草坪赛马，五月端午的自发或有组织的赛马，作为节日由此形成了。

百草坪的周边，居住着喜好喂养"乌撒马"的彝家，古时，他们喂养的马匹作为良种战马，经由广西的横山寨卖往遥远的北方。马作为人的生产生活伴侣，或驮运物品，或乘骑，须臾不离。彝族百科全书《西南彝志》专门对马的叙述描写就有若干篇幅，人们为养得一匹好马而感到骄傲，是骡子是骏马要牵出来骝，端午节是展示骏马的最佳时机。

端午节到了，人们从四面八方赶来，牵着自家喂养的骏马参赛，一队队、一串串奔驰的骏马，黑马、白马、枣骝马、灰马、黄棕马、雪花马，一个个骑手挥鞭在手，马蹄在翻飞，骑手在演技，观众呐喊助威，声音此起彼伏。不图名次，也不图奖金，得的是观众的好评，要的是养马千日，展示一时。不时还有女骑手在马阵中杀出，犹如花与绿叶相簇，赛马场上也巾帼不让须眉。赛马节给青年男女提供了对唱曲谷（情歌）的机会，赛马高潮时，对歌声也此起彼伏。

傍晚，太阳带走比赛的人马，月亮留下了通红的篝火，留下了月琴声声，留下了悠扬的青春恋歌，留下了百草坪娓娓动听的神话。

● 传统竞技磨磨秋 ●

通常情况下，高山的彝人喜欢荡秋千，打磨磨秋是河谷和坝区彝人的专利。磨磨秋，又称磨担秋，因玩法像推磨般旋转而得名。

磨磨秋是将一根有凹槽的横木放在另一根固定在地上的尖木上，人在横木两端像推磨一样上下快速旋转、飞荡，有人称之为"彝族过山车"。打磨磨秋的方法是横木两端各坐或卧一人或二人，两端人数均衡就可以，或纯男或纯女，或男女搭配。落地一方用脚尖蹬地，并向上弹起使横木向前旋转于空中，好比在半空推磨一般。此起彼落一上一下，互相交替蹬地，玩的人悠然自在，乐趣无穷。玩磨磨秋以跷得高、旋得快、玩的时间长为胜。横木旋转不止，直至一方要求停止，才缓缓停止，又另换他人。

打磨磨秋的来历有两种传说。一种传说是，相传在很久以前，持

乌蒙磨磨秋——杨洪文绘

旋转的韵律

续干旱了半年，山坡上的土硬得犁不开，下不了种；田里无水，插不了秧，人们万般祭祀告求都不应验。有个彝寨住着名叫豁兜和米替的两个小伙子，他俩受什幻家在白云山下作祭跳跌脚，触动大地惊动天帝举祖的启示，两人在地上竖了一棵木桩，搭上一条横木，用腰搭在横木上，一人上时一人下，轮番用力将双脚触动着大地，一连九天九夜，惊得天帝举祖睡不好觉，甚怒之下，举祖大发雷霆，电闪雷鸣，降下暴雨惩罚豁兜和米替二人。两个小伙子因精疲力竭，又受暴雨浇淋，不久后就生病死去了，那年经过补种获得了大丰收，过年时，人们为感谢和怀念争雨献身的两个小伙子，架起磨磨秋来打，年复一年，延习成俗。另一种传说是，有一次，阿尼寨的小伙邀约阿玉寨的姑娘唱曲谷（情歌），唱了礼仪歌唱短歌，唱完短歌又唱长歌，双方势均力敌，不分胜负。男方提出，既然嘴上定不了输赢，就玩体力的"推磨"来决高低，于是姑娘和小伙以打磨磨秋来对决。到最后，姑娘们终因体力不支败下阵来。小伙以打磨磨秋战胜了姑娘，同时也俘获了姑娘的芳心。

打磨磨秋为青年男女的恋爱择偶提供了时机，打磨秋时男女各在一头，不断地换上换下，不断地旋转。若是小伙子看中秋上的姑娘，就会忙着爬上秋的另一头一同转磨。若是几个小伙子同时看上这个姑娘，就会出现"争秋"现象，彼此争上，互不相让。若姑娘不喜欢另一端的小伙子，便在秋木上移动重心，使小伙子的脚落不了地，或使磨不转，表示不中意。若相互喜欢，磨秋打得顺利，不愿别人换上。

打磨磨秋给人们带来了欣慰与实惠，中老年人因传统得到继承而高兴，青年人因收获爱情的果实而幸福。

● 吉祥秋千荡恋歌 ●

　　荡秋千应当是人类采集与狩猎时期的行为遗存。几十万年前的上古时代，我们的祖先为了谋生，上树采摘野果或猎取野兽。在攀越或奔跑中，抓住粗壮的蔓生植物，依靠藤条的摇荡摆动，在树与树之间或沟涧跨越。到了文明时期，由采集与狩猎时期的行为遗存演变为荡秋千的活动。秋千集体力游戏与民俗寓意为一体，不同地区和不同民族存在不同的取义。在中原一带，《艺文类聚》中有"北方山戎，寒食日用秋千为戏"的记载。《古今艺术图》记载说："秋千，北方山戎之戏……齐桓公伐山戎还，始传中国。"说明秋千是北方少数民族的游戏，春秋战国时期由北方少数民族地区传入中原。秋千不仅盛行于民间，而且在历代封建帝王和贵族宫廷中也十分流行。唐代，从唐玄宗以至士民均呼秋千为"半仙之戏"。彝族地区的秋千既没有从外引入的传说，也不是清明节期间的活动。

　　传统的彝族荡秋千是在正月初一，由秋千匠在村寨旁择古树粗壮而离地数丈高的横枝，以野葡萄藤等粗且牢固的古藤制作而成，边制作边念："榨楚杜，苦洪杜，吉禄杜，垓俯杜，腮咪洪古杜！"意为：制

荡秋千

凌空的秋千

秋千，树立威与福，树立生育，树立富贵，树立知识智慧。

对唱情歌是彝家未婚青年男女倾诉爱慕之情的一种方式，但对唱情歌要避开家人，避开老小辈分，因此要到离村寨很远的岩洞或山上才能放开歌喉对唱，相约在村寨边荡秋千，向心仪的人表达爱慕之情，荡秋千的确是理想的捷径场所，男女两人的双荡，时而如雄鹰凌空，时而似蛟龙出海，勇敢的一对，能荡出与横树枝持平即一百八十度的水平，配合默契，无声胜有声，进出爱情的火花，荡出爱慕的升华。

新婚夫妇，还有久婚不育的夫妻，也是要争着上一次秋千的，他们要接受呐喊助威的观众那"正月秋千前，荡了又荡啊……正月荡秋千，九男十千金！"的生育祝福，传统的荡秋千游戏，还包含了祈子的民俗。

荡秋千只限正月一个月，正月以后禁忌再玩，到正月二十九或三十，由秋千匠砍掉自己亲手制作的秋千，边砍边念："榨楚讨，口咪讨，口路讨，诺莫炯蒙讨，素责素外讨，遇补遇烘讨；苦洪你麻讨，吉禄你麻讨，垓俯你麻讨，腮咪洪古你麻讨！"意为：砍掉秋千，砍掉口嘴，砍掉是非口舌，砍掉疾病瘟疫，砍掉盗贼，砍掉灾难祸祟；留下威与福，留下生育，留下富贵，留下知识智慧！

荡秋千留下的还有情感与情绪的调节，身体的锻炼，机智勇敢的品质的培养，传统文化习俗的传承、弘扬。

世居 SHIJU
峰岭侧
FENGLINGCE

● 大屯土司庄园 ●

　　大屯土司庄园位于贵州省毕节市七星关区东北隅 100 余公里的大屯彝族乡。庄园始建于清道光年间（1821~1850 年），是彝族土司余象仪所建，后经其侄子余达父扩建始成今状。庄园依山势而建，面临缓坡低平的台地。它的整体布局为中轴大体对称的大规模三路构筑，每一路有三重堂宇，反映彝族以三、六、九数为吉祥数的文化内涵。左路建筑有东花园、粮仓、绣楼等。东花园也称"亦园"，"亦园"系接待宾客所用，园内有花圃客房等，建筑精美，花圃错落有致，客房装修华丽，院坝青石铺就，院墙彩绘粉饰。中路建筑有大堂、二堂和正堂，各路堂宇之间以石坝或内墙间隔。高大的砖筑院墙，墙檐下砌筑斗拱，体现出古朴厚重的建筑风格。墙外四周筑有碉堡 6 座。院内进深 80 余米，横宽 60 余米，整个占地面积 6000 余平方米。

　　大屯土司庄园的主人余象仪、余达父,是原四川土司永宁宣抚司(今古蔺、叙永一带)宣抚使奢崇明的后裔。奢崇明系彝族"六祖"分支的侯部即扯勒部后裔,自开基立部,居黔蜀毗连的赤水河两岸,因拓地广远,雄长一方,历数十代,元末遂为宣抚土司。明末天启、崇祯年间,永宁宣抚土司奢崇明、贵州宣慰同知、水西土司安邦彦联合发动的反明战争,史称"奢安事件"。"奢安事件"起于天启元年(1621年)九月,一时间攻贵州省城贵阳,围重庆,攻打四川省会成都,明廷调集九省的兵马以应对,战争持续到崇祯三年(1630年),前后历时九年。奢安反明失败后,奢崇明被杀,奢崇明的子嗣遁往川黔毗连地带,奢崇明的三子奢辰改名为余保寿,取汉姓为余,隐迹遁世,潜居水潦。其余子嗣遁往川黔毗连地带,取杨、苏、李、禄、张等汉姓,后分别

大屯土司庄园

选自《彝文典籍图录》

选自《彝文典籍图录》

大屯土司庄园一角

为大屯、加嘎、海嘎、镰刀湾、法朗、阿市、水潦等地土司。清道光年间，奢崇明十世孙余象仪到毕节大屯修建庄园。其侄子余达父过继到大屯后，将庄园增修扩建。余达父虽为清末举人，却又曾留学日本，并且加入同盟会，是少数民族上层人物中的民主主义者。

依山势而建的大屯庄园建筑气势宏伟壮观，布局层层深进、重重治高，千姿百态且各具特色。大厅古朴庄重，花园千娇百媚，水榭玲珑秀美，楼台亭亭玉立。它不仅是一座占地辽阔，建筑风格独特，融中华民族彝文化与汉文化于一体的恢弘建筑，更是一部记录历时500年土司制度兴衰史的历史教科书，就其石木雕凿以及家具雕刻的各类图纹而言，表现出具有鲜明特色的彝族文化元素符号，它让人感受到中华民族文化丰富多彩的魅力，给人以强大震撼力。它的彝族文化的元素符号，艺术特征，是研究民族学、民俗学的珍贵实物素材，无论从建筑学、文化学、历史学、民族学等学科的角度，大屯土司庄园都是一座极具价值的"富矿床"。

● 水西九重衙门 ●

九重衙门，又称九重宫殿，是彝族君长制和方国时期的彝王殿，土司制时期的衙门、府第。九重衙门即九重宫殿，是历史上彝族君长的宫廷建筑。在彝族分布区都留有文化遗址遗存，又见于彝文古籍和方志记载。

九重衙门即九重宫殿的建筑思想是取法于天地，认为天有九层，于是将地基分为九台，建为九重宫。认为地体有八层或按八卦在九重宫之间，建了八个院落。天开七道门，因此庭堂也要开七道门。九层宫殿是基分九台，房屋重叠、上下屋相连的建筑群。

彝族六祖分支后，笃慕的第六子慕齐齐一支向东迁徙，其第20代君长勿阿纳开疆拓土到达今贵州境内。蜀汉时期诸葛亮南征时，第25代君长妥阿哲献粮通道助诸葛亮平定南方有功。建兴三年（225年），妥阿哲被蜀汉封为"罗甸王"。妥阿哲封"罗甸王"后，即定王都于今大方。经历几代君王前后历时80年修建慕俄格王城，并且修建王宫于城中。罗甸国作为方国，从蜀汉至唐一直受封于中央王朝，与朝廷保持着松散的羁縻关系，在唐朝时期修建了宏伟的九重宫殿。宋朝时为罗施国、阿者国，元朝时中央王朝设置八番顺元路沿边宣慰司于其地。明朝改设为贵州宣慰司，从此方国的历史结束，君王降为土司，王宫变成了宣慰使府衙，九重宫殿改称九层衙。明朝曾经设新治所于贵阳，老宫殿仍然保留在慕俄格。

罗甸王九重宫殿即九层衙，遗址位于大方县城东5公里处的今羊场镇陇公村的五指山下，民国《大定县志·古迹志》记："今考，城东十五里有九层衙，久圮，惟级石九层尚存，故名。此即宋初姚州之旧址。"同书录的《得初土目监生安光祖所译彝书四则》也说："莫翁居木柯，今大定东九层衙是也。"九层衙相传是妥阿哲的孙子毕额莫翁于魏晋时期建造，民间传说用33年、66年、88年不等时间建成。建造时为九重八院，系由低到高、次第减少，分九层阶梯而建。现遗址中仅残存碎瓦片、瓦当，石垣仅第一、第九层有部分残存。据实测，第一层石阶宽40米，高3米，进深25米，第二层以后，次第缩小。全部建筑占地约7 000平方米。石垣系以等块条石扣砌。衙东半里许，有石围水井一口。1981年贵州省人民政府将九层衙遗址列为省级文物保护单位。

在彝文《西南彝志》《彝族源流》等古籍中，有播勒、扯勒、阿

重建的贵州宣慰府

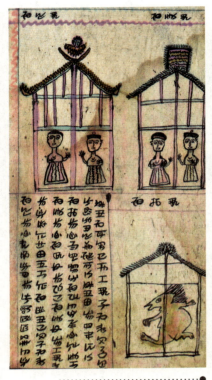

选自《彝文典籍图录》

芋路等部的九重宫殿的记载，其中比较详细的是《彝族源流》关于《阿芋陡（路）家九十重宫殿》的记载，阿芋陡（路）君长阿诺笃任为迎娶娄娄勾家的阿够阿娄作夫人，修筑了号称"九十重"的宫殿："建房依天象，上天分九层，房长取九围；地分为八重，房宽取八围。开有七道门。用九排房梁，依天象建房，鳞次栉比，目不暇接。用八大柱石，玉柱托宫阙，自然匀称。九十宫殿，二十四大厅，三十八个面，阳降阴开，错落有致。"记载勾勒出宫殿大的外形轮廓。"画林中的鸟，鹤、鹃、鹰为首，各种飞禽，都在画房上；林中的野兽，以虎豹为首，突出大老虎，中看的动物，都画在房上；画林中草木，松柏最突出，桑蒿为陪衬，开花结果的，都画在房上，各门匠人，刻艺都精湛，镶刻属上乘。"彝族文化的元素符号一一展现出来。宫殿的功能齐全，在第二十四大厅中，介绍了二十三个厅的功能，第一到第四大厅，陈列宝戟、良弓、坚甲、宝剑等兵器，第五到第七个大厅和第十二大厅陈列钟、鼓、笙、宝鼎等乐器祭器等，第八到第十三大厅和第十六大厅安排布摩、群臣、工匠、勇将、尼德（夫人等女眷）、立功的人等办事和起居，第十四大专门安放阿芋陡家的亡灵，第十五大厅由推算预测的神秘的人物居住，十八厅是名士居住，第十九到第二十一厅为库房，放的是黄金、白银和绸缎，第二十二大厅供奴仆居住，第二十三大厅是司酒厅。阿芋陡家宫殿由于与南诏、磨弥部之间的战争而遭毁坏。

　　彝族九重衙门虽然只有遗址的留存和文献的记录，但却可以看出，在彝族的宫廷建筑上，集中反映出历史上彝族的建筑思想、技术水平和建筑特色，尤其是彝族建筑文化的丰富内涵。

● 乌蒙高山民居 ●

　　彝族的居住分布，有"高山苗，水仲家，不高不矮是彝家"的说法，总体上说，在海拔 800~2400 米之间，都有彝族居住，至于多分布在高山是在清雍正八年以后的事。彝族是农牧兼营的民族，村寨的分布与坐落有其独特的传承，这样有险可守，有路可走，高能望远，兼有水源、耕地与草场。傍山而居的村落，住户之间比较分散，高山的平坝和河谷地带的村落，住户之间相对集中。这是彝族典型的聚落特点。彝族村落的选址多在地势险要的高山坡地，平坝地或河谷地带的向阳一隅，环境一般为依山傍水，背靠大山，背靠森林，向阳避风。由于彝族分布地域较广，各地自然条件不同。使得各地的房屋构造、功用、造型等也不尽相同。

　　彝族民居有建筑土墙房、石墙房、柱子房和从钢筋混凝土平房到新型住房的过渡。

　　土墙房使用墙板，以土夯舂，墙面补黏土，洒水夯实抿光，做出取水山墙，或竖一棵独柱，根据条件或用树条、藤先编织，再盖上山草、稻草，箭竹，甚至插松枝；或者铺成檩子、椽皮，盖成瓦面；石墙房（也称砂墙房）用石头和石灰砌成，盖法和土墙房一样。柱子房一般分为两列或四列，有简便的五柱房两列，也有较复杂的

昔日故居之一

昔日故居之二

昔日故居之三

昔日故居之四

茅草屋篱笆墙

昔日土墙房

石墙庄园

今日彝寨

七柱、九柱两列或四列，柱子房讲究的以全木板为壁；有的下半部分以板为壁，上半部分用竹木条编织，糊石灰泥土浆为壁，也有纯竹木条编织糊石灰泥土浆为壁的；也有夯舂泥土墙或砌石墙包围柱子的，屋面多以盖草或瓦为主。

根据居住环境与条件的不同，有的一户盖一栋正房，左右两边各建一栋对称的厢房，再建一壁围墙，开一道槽门，有的建一斗形即三面围墙把房前包围，形成院落，开一道槽门出去，条件差的除房子而外，至多植造些果木之类。

彝族民居多为一列三间，分为左耳房、堂屋、右耳房。堂屋左侧设有火塘，火塘上支有锅庄石，正壁下设一张供桌或搭建神龛，壁上有一洞，内置祖灵，右耳房是家长夫妇的卧室，左耳房为厨房。楼面用木条或竹子编织而成，用以存放粮食，有的铺木板，住人。火塘在彝族居住民俗中占有重要位置。彝族民居中讲究火塘。火塘是每一户彝族家庭生活的中心，是饮食、取暖、照明、会客等场所。彝人大都把火塘视为家庭的象征，火塘里的火常年不能熄灭。火塘之上悬挂一行篾方笆，用于烘烤食品。过年杀猪时将猪尿泡悬空挂于其上，预示来年丰收，年景兴旺。为失魂者招魂时，要先把魂招到火塘边，之后此失魂才有可能归附人体；新娘出嫁时也须由娘家亲人背着绕火塘三圈，以示向家庭和娘家告别。

20世纪90年代以来，彝族民居逐渐向传统的土墙、石墙、立柱子盖的草瓦房告别，到21世纪的今天，石、砖砌的钢筋混凝土平房又向社会主义新农村、特色村寨等新型住房进一步靠拢，并在努力找回失落的文化元素符号。

● 彝家古都可乐 ●

　　彝族布摩在《早祭经》中郑重地告诫去归祖的亡灵说："可乐洛姆，是勿阿纳的四个儿子把持的城池，那里是彝家的古都，再忙，你都必须在那里用上一顿早饭，这是自古以来的规矩啊！"上路的亡灵在那里饱餐一顿后，又一次打起了精神。

　　古时候，既没有城池，它也不叫可乐，是叫鲁烘卧珠的一隅。开天辟地后，天神之子支嘎阿鲁接受了天帝策举祖的使命，带上测天量地的工具，以星座为参照，划分天与地的界限，确定四面八方的方位，给高山大地、江湖河流取名字，把人与神、鬼、畜区别开来。当支嘎阿鲁戴着策举祖赐给的仇叩王的叫"可乐"的王冠勘察大地、巡视疆域，来到今天的大方县城一带定下"白扎戈"的地名后，便开始返程，经过一个叫鲁烘卧珠的地方，这里东西南北大山连着小山，把苍天抵住。劳累了一天的支嘎阿鲁决定住下，但连伸脚的地方也没有，他一怒之下，"左手取可乐，右手掷可乐，削平山顶，填平山谷"，山脚出现了一片平地，才睡得一夜安稳觉。第二天，他继续赶路了，人们发现鲁烘卧珠的地形已变成仇叩王冠的样子，高山簇拥在四周，中间出现了坝子，河流像仇叩王冠的帽绳从坝子中流淌而过，于是便将这里改称可乐，并一直沿用下来。

　　据彝文文献《彝族源流》记载："泰液南彼岸，称之为液那（夜郎）。在液那阻姆，祭三代亡灵。"液那（夜郎）先活动在液那阻姆这一带。液那阻姆这一地名，也可译作"夜郎阻姆"，《云南省宣威彝族指路经》有液那阻姆即"夜郎阻姆"这一地名："到洪姆麻溢，见夜郎阻姆。在夜郎阻姆，死者骑魂马，死者赶牛牲，快歇快起身，快迈开脚步，快如鹰展翅。到夜郎阻姆，见阿武女署。"夜郎阻姆系以山取的

赫章县可乐镇远眺

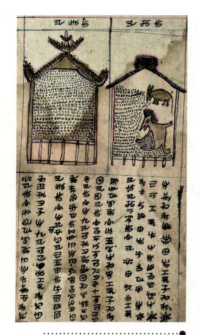

选自《彝文典籍图录》

选自《彝文典籍图录》

地名，在北盘江南岸的今云南省宣威市普立、宝山乡之间，算得上是对司马迁《史记·西南夷列传》中"夜郎者，临牂牁江，江广百余步，足以行船"的牂牁江即北盘江一种印证吧。

《彝族源流》记载，液那（夜郎）的活动从液那阻姆又到了苦洛阻姆。液那（夜郎）连名传承十四代时，传到"鄂鲁默时代，君为鄂鲁默，臣是斯列帮，师为额史邹，拨开雾霭，辟开霆雨，汇成一条江，就是这样的。濮所是液那根本，三代得濮所相助，三代和濮所通婚。在载拜赫嘎，祭三代亡灵，米靡是液那根本，米靡来相助，三代和米靡通婚，形成武米制，说的是这样。武乍是液那根本，三代得武乍相助，三代和武乍通婚，住苦洛阻姆，在苦洛阻姆，用飞禽执政，老鹰最得力；用野兽保境，老虎最得力。在麻谷阻姆，兵营如黑云，军队如羊群，七十二次仗"。在这段记录里，有几个值得注意的信息，所谓"形成武米制"，夜郎具有宗主国的性质，他的周围还有一些盟邦；"三代和武乍通婚，住苦洛阻姆，在苦洛阻姆，用飞禽执政，老鹰最得力；用野兽保境，老虎最得力。"夜郎的核心层内有彝族"六祖"分支的武乍支系的成分，尚武与鹰虎崇拜是彝民族的根本特征。《彝族源流》等文献还记载，彝族"六祖"分支时，"乍择地可道，可道与可乐"，彝族乍支系加入到夜郎中，当夜郎灭亡后，彝族乍支系北渡金沙江，到了今天的四川凉山地区，形成"北边十一部，乍占了六部"的格局。夜郎的亡国，乍部的北迁并不意味着可乐从此就萧条了，东汉初，彝族六祖第六支分支的勿阿纳开基今黔西北地区，把中心放到可乐大城，并分配他的纳阿宗等四个儿子把守，在此经营五代人，直到三国时期当上罗甸王。曾经繁华的可乐洛姆（大城）是古代南方丝绸之路上的一大交通节点，一度与周边的成都、大理、昆明等大城齐名。

可乐遗址之一

历史的积累就在脚下，到目前为止，对夜郎时期的考古发掘，出土文物的数量、种类、规模及其独特的葬俗等，还没有任何地方超过可乐。20世纪五六十年代，考古学家们就在可乐一带发现和发掘了一些秦汉时期的墓葬和遗址。1976年底至1978年底，贵州省博物馆在这里发掘了207座古代墓葬，其中有168座形制、葬俗和随葬品都极具鲜明的地方特色和民族特色，是属原住民属性的乙类墓葬。2000年9月至10月，贵州省文物考古研究所又在可乐进行了一次发掘，发掘夜郎时期墓葬108座，其中绝大多数也是属原住民属性的乙类墓葬，出土陶器、铜器、铁器、漆器、石器、骨器、绿松石等各类文物547件，是建国50年以来，贵州夜郎考古发现埋葬方式最复杂、出土随葬品最丰富的一次。因此被评为2001年度全国十大考古新发现之一。

尽管如此，可乐的考古发掘还远远没有打上句号，2011年7~9月，贵州省文物考古研究所会同赫章县文物局对可乐进行了一次抢救性清理发掘，发掘面积1000平方米，出土了房屋、灰坑、灶、沟等遗迹，同时还清理墓葬两座。出土青铜人型扣饰、铁三叉戟、铜釜、铁刀、骨玦、玛瑙管、孔雀石珠串、骨珠、乳钉陶罐、漆器残体等等各类文物71件。

夜郎文明虽然失落在莽莽群山峻岭和悠悠的历史长河中，给后人留下了一层层难以揭开的神秘面纱，但是，彝族、可乐与夜郎之间有着千丝万缕的联系，是割不断和剥离不开的。可乐——曾经的彝家古都，留下了抹不去的历史记忆。

彝味 YIWEI
DAIKEQING 待客情

● 请客不离"坨坨肉" ●

　　火把节到了，十月年到了，贵客临门了，"坨坨肉"端上桌子来了；姑娘出嫁了，小伙迎亲了，用歌声、用美酒下香喷喷的"坨坨肉"；老阿哺（爷爷）、老阿达（奶奶）去世了，不仅仅为他们跳上铃铛舞、先用烧酒，还有"坨坨肉"将他们祭奠。托他们的福，又一次得到猪、羊、牛肉做的"坨坨肉"解馋。

　　到彝家，不得"坨坨肉"招待，算不上做一回客。

　　食用彝家"坨坨肉"，体验传统的饮食习俗文化；品尝"坨坨肉"，体会彝家的热情好客和大方。

　　三百年前的某一天中午，在乌蒙山脚下的一个彝寨，有家人正在大堂招待客人，一群披披毡的人围着不高的饭桌，主人背靠着神龛而坐，他的对面，坐的是跟他辈分相当的客人，左右两边对坐的是辈分小于他们的年轻人。女主人分多次端上三份三种"坨坨肉"，碗状的大木盆分别盛着热气腾腾的坨坨牛肉、羊肉、猪肉，又端来一缸钵热汤和一缸钵清水，每个大木盆的肉里都放着几把匕首，男主人取出一只雕刻和漆工都很精致的大水牛角，从里面把酒倒在客人和自己面前的大铜杯子里。男主人劝吃劝喝，客人各取匕首叼肉食用，又不时把匕首放在清水里涮干净，或者用汤匙在缸钵里舀热汤喝，喝完将汤匙装清水里涮。酒喝完后，女主人抬出大碗状的两个竹饭簸，盛着荞和燕麦做的两种饭，每个饭簸里也放着好几把木勺，人们用木勺在饭簸里边舀饭吃，边把木勺放在清水里涮，大家都草草吃了一些饭，一餐盛宴就结束了。彝家的这种饮食习俗，宋代的范成大在《桂海虞衡志》记述道："性好洁，数人共饭，一样中置一匕，置杯水其傍，长少共匕而食，探匕于水，钞饭一哺许搏之，桦令圆净，始加之匕上，跃以入口，盖不欲污匕妨他人，每饭必少，饮酒亦止一杯，数咽能尽，盖腰束于绳故也。食盐、矾、胡椒，不食羔肉，食已必刷齿，故常浩然。"

按照传统的待客习俗，客人到来必须沾血，条件好的，为客人专门打杀一头牛；条件稍次的，为客人专门打杀一只羊或一头猪；实在出不了手的，也要为客人杀一只鸡。

当时光流逝到五十年前时，待客的传统习俗有了很大的演变，待客煮上一大锅"坨坨肉"或大片肉，要连锅抬上桌子，全部展示给客人，配盘的只要几碗土豆、酸汤、干豆皮菜就可以了，若将肉放在锅里，即便用很大的碗盛了端上桌，也被认为是吝啬，不大方，故意怠慢客人。如果传了出去，名誉会受到极大的损伤。当时，最看不起的盘盘碟碟放在桌子上的小炒，认为那是小气鬼的做法。

又到了三十年前，大碗盛"坨坨肉"或大片肉的做法得到认可，酒席中的九大碗，放在最中心的那一大碗，少不了就是"坨坨肉"或大片肉。

彝家的"坨坨肉"以其味道独特而深得彝家人的推崇和周围兄弟民族的喜爱。它很讲究烹饪技艺，首先，肉要鲜，宰杀牲畜时先将牲畜体外洗干净，开膛后小心取出内脏，避免内脏破裂而玷污肉质；取出内脏后，以新鲜的肉砍为块状放入锅中，以凉水煮肉，肉放入凉水锅后才点火开煮。煮时掌握火候，待凉水煮开后，再加入一些凉水，使它暂时冷却，等到第二次煮开时，肉正好熟透，这时很快将肉捞出，须趁肉热时撒盐，拌调辣椒面、花椒、蒜泥、木姜粉等各种作料，使其透入肉，做出来的坨坨肉味醇厚、肉质细嫩且鲜美。

当社会发展到今天，各种文化相互交融，包括饮食文化也一样，大家更多的是融入了现代的主流文化之中，品尝彝家"坨坨肉"的特色，是对失落的传统习俗的缅怀，唤起对饮食文化遗产的记忆。

● 交客共尝 "八卦鸡" ●

提起"八卦鸡"，容易使人将它同占卜挂钩，的确如此，"八卦鸡"是集饮食与占卦预测为一体的一种习俗。按照彝族的古代习俗，凡联姻、出征、结盟、交易等，都要杀鸡吃，边吃边看鸡股骨上的纹路走向、眼数、眼数的分布位置预测吉凶祸福。彝族布摩的典籍中，有一种叫《算鸡卦》的工具书，如威宁彝族回族苗族自治县迤那镇拖沟村杨布摩家《鸡卦占卜经》录有 184 类鸡股眼卦象，威宁彝族回族苗族自治县龙场镇已故布摩文道荣家《占鸡卦经》汇集有 94 类鸡股骨眼卦象，赫章县民族古籍办收藏的《鸡卦预测经》有 120 类鸡股骨眼卦象。吃鸡时，人们将剔吃干净的鸡股骨插上竹签，交给布摩翻开书进行对照，对上号后，给人们解读鸡卦图下面的有关吉凶的结论文字。

现代，"八卦鸡"占卜的大部分功能都已消退，只是在联姻、过年与接待客人时偶尔一用。

联姻时吃"八卦鸡"，也称"烧鸡吃"，当联姻的两家人达成开亲的意向时，男方家带上酒和礼品，携媒人到女方提亲，古时由女方家烧一对公母鸡，现代杀一对公母鸡，吃饭时，将公鸡卦分主客两卦给双方家长食用，边吃边看卦象，预测婚姻是否成功、顺利、婚后的结局等。

过年期间，先准备一只纯色的公鸡，在大年三十夜与初一的一点交替前，先用烧红的石头同马桑条一起，用清水浇淋洁净，在两个时刻交汇点时边祝告边杀鸡，煮了初一的中午食用，专门看剔食干净的鸡头、鸡股骨即鸡卦，预测一年的年景、运气等。

用来看卦的"八卦鸡"，对鸡的毛色、鸡冠、鸡脚等都很讲究，

彝家八卦鸡

鸡的头卦和股骨卦

尤其是选土法喂养的土鸡，整天放到山上刨虫子吃，煮出的鸡肉清而
不淡，油而不腻，香而不浊。吃在口里，香到心底。所谓"八卦鸡"，
就是将洗干净的鸡砍做八大块，分做鸡头、鸡胸脯各一块，鸡翅两块，
鸡股骨（卦）两块，鸡大腿两块，足了八块之数；鸡翅一般要连同
十二节脊骨取下，以代表一年的十二个月。煮"八卦鸡"一般用清凉水，
煮肉炖汤，讲究火候，快煮熟时，放进姜、蒜和木姜果或木姜根就可
以食用了。

　　"八卦鸡"要分了吃，但这不是单纯意义上的分肉吃，也不是肉
不够吃才分，按照彝家的吃法，鸡头得分给长者，以示尊重。不是鸡
头好吃，是要看出鸡头的道道来，鸡头就是鸡头卦，一般都是给年长
的男性老人吃。吃鸡头的时候，老年人总是把鸡冠撕下来，分给小男
孩小女孩，彝家的说法：男孩吃了鸡冠写字好，女孩吃了鸡冠挑花巧。
鸡头吃得只剩光秃秃的头盖骨的时候，就可以看卦了，鸡头卦上有土地、
财神、天路、中路、后路等说法。鸡卦是分给家长和主客（过年时夫妻）
对吃的，是看卦的主要载体。鸡翅膀分给女孩，是祝她将来挑花刺绣
有出息，鸡大腿分给男孩，是祝他稳步前进，读书有上进。鸡的内脏
分给女性老人，女性老人一般牙齿不好，分给内脏这也是表示孝敬。

　　"八卦鸡"算是一种美味佳肴。彝家人于神于人，都以真诚相待，
美味佳肴一是要敬献给神灵，然后要用来招待客人，以表示热情加盛情。
交朋友，接待客人，彝家的"八卦鸡"是必不可少的。

● 待客奉上"罐罐茶"●

　　好东西总是先让神灵品尝,茶也一样。彝族布摩在举行丧事祭祀和祭祖仪式中,都先要煨一罐"罐罐茶",给神灵与亡灵祭奠,然后再举行献酒仪式。在称"卯增"的祖灵竹筒里,也要将羊毛、粮食、茶和盐一道放进去。

　　过年时,在祠堂或家中的神龛下祭奠祖宗时也一样,先煨一罐"罐罐茶"作献祭,然后再奠献酒。看来,茶这东西,跟彝家的生活也须臾不离,在清早上山干活之前,煨一罐"罐罐茶",喝上几杯,把精神提了上来;中午和傍晚收工回家,又炒上一罐,喝下酽酽的茶汁,就解除了一天因劳累带来的疲乏;晚饭过后,邻里串在一起,围坐在火塘周围,用酽酽的"罐罐茶"给拉家常、唠天南地北助兴。

　　在"茶余饭后""粗茶淡饭"等这些字眼里,茶享受了与饭同等分量的地位。彝文《献茶经》和《物始纪略》里记载说:没有发明茶的饮用前,天昏地暗,茶"盛名在东方,宝树在西方,汇集到彝地。在尼米举勾,尼能不开化;在惹米妥朵,惹姆家头昏;布家楚觉山,

罐罐茶

人们不积德；默家糯扎山，断事无秩序；侯家翁迁山，死水塘不流。天君不管事，地王不当家，阿娄不守更，三圣无喜颜，六君不行善。就像这样了"。发明饮用茶后："恒赛易之子，特赛易之女，到了春三月，采青花红花，到了夏三月，拾树木果实，到了秋三月，舍出珍珠茶，供放宇宙上。这样以后，鄂地雾沉沉，莫地霭茫茫，兴起了祭奠，三极日锁开，四维月簧脱。"兴起了祭天、祭地、祭祖、祭神。茶的功能和栽培彝文献也有记载："尼威娄愁尤，能沾郎多诺，这一对男女，到深山箐林，伐奇木异树，采珍奇木叶，品尝甘苦味，一日尝百样。尝到末的天，奇珍异木，葱郁郁、绿油油。这种奇异叶，蜂采后心明，兽吃后眼亮。这一对男女，攀折下一枝，回到家中后，用银锅来煨，用金杯来盛。献给君长喝，君喝后施令，施出了明令，耳聪眼也锐；献给臣来喝，臣喝后断事，事断得清楚，心明眼也亮；献给师来喝，师喝后叙谱，把谱叙清楚，知识和见闻，像清澈的水。这样以后，这一对男女，在一起商议，精心栽培茶，栽在园子中，茶叶的由来，就是这样的。"

"罐罐茶"以其味香汁酽、独特的提神祛毒、解渴清热的功效而让彝家人情有独钟。彝族"罐罐茶"的泡制方法是，先烧出一壶新鲜的开水，再将火整顿一番，然后再将陶制的小罐置放炭火上烧烫，到小罐快要烧红的程度，放入茶叶，根据小罐的温度，先快速、后缓慢不停地抖、晃动，直至茶叶烤黄，散发出浓浓的茶叶香味时，再将开水倒进罐内，开水从罐底将烤黄的茶冲到罐口，发出"哧噗"的声音，泡沫立即铺上罐口，此时，用文火将茶慢慢冒开，稍待茶叶沉淀，即可倒入茶杯饮用。

"罐罐茶"下烧洋芋，烧燕麦粑粑，烙苦荞粑粑，称得上是山野的美味佳肴，几年难得一回尝。

俗话说"头酒二茶"，"罐罐茶"的茶味集中在第二次放水冲开时，故称之"二开茶"，给客人盛"二开茶"，是表示对客人的尊敬。过路的客人进家，还是远方贵客登门，先奉上一杯"罐罐茶"，生疏的，把感情的距离拉近；熟悉的，又把了解增进，把好客的盛情序幕拉开。

● 敬客请品"老咂酒" ●

　　彝家以酒为顶级礼品。俗话说："一个人值一匹马，一匹马值一杯酒。世间无酒不成事。"酒是通神的媒介，彝族凡过年过节，祭祀祖先，要先献酒；婚丧嫁娶，不能少了酒；走访亲友，酒是第一必备的礼品。俗话还说："地上没有走不通的路，江河没有流不走的水，彝家没有错喝了的酒！"彝文古籍《诺沤苏》概括性地说："祭天先献酒，祭地先献酒，祭日祭月要献酒，祭祖要献酒，叙谱要献酒，丧事必献酒，替亡灵解灾，先要把酒献，给亡灵指路，一定要献酒，逢年过节，献酒少不得，祭山祭水、祭祀土地神，献酒是第一，嫁女娶亲，不能不献酒，行结盟仪式，首先准备酒，君长登基要献酒，臣子执法要献酒，布摩献祭要献酒，民众家庭要献酒，人与神沟通，以酒作媒介，神先用酒，人再把酒饮。生活不离酒，医药要用酒，接待宾客要备酒。无盐菜不咸，无酒礼不成，酒滴树桩上，都会动一动，饮酒要节制，多饮人发狂，失态就犯礼，把酒辜负了。"

　　以酒助兴，在聚会等场合制造浓烈友好气氛；以酒交友，搭建情感的桥梁；用酒作家族凝聚的辅助纽带；用酒向神灵祈求愿望；用酒告慰仙逝的亡灵；用酒释前嫌，调解各种社会纠纷，化解矛盾；用酒表达诚信，履行相互达成的约定。

　　彝族《献酒经》载："世间的人，献酒根基稳，献酒光宗耀祖，献酒者长命，献酒者高寿。世上天为大，礼中酒为大……天神靠着酒，君长饮酒后发号令，臣子饮酒后就执法，布摩饮酒后把谱叙，威信和声望，一时显赫。集千般知识，汇万般智慧。"

　　彝族《献酒经》和《物始纪略》等文献介绍了酒的来历和用酒敬献神灵的好处："酒有其由来，靠酒药药威，靠酒药药力……话说酒药，分为十二味，六味在平地，系牧猪郎发现……在能沾洛姆（今四川省成都市一带），尼能氏部族（出现在距今4000多年前），尼喽和能喇，一对男女，出六百碎铜，买来制酒药。药本的劲大，以制作酒药，来把酒酿制。发酵的头夜，品评甘甜味，窃窃议甜味，发酵到两夜，品评苦涩味，窃窃议苦味，发酵到三夜，不停品辣味。装缸三个月，放在火塘边，尼喽和能喇，酿造出美酒，自己不饮用，献出第一杯，上敬献天地，中敬献日月，下敬献生死。给时势献酒，给天君献

酒，给地王献酒，给祖先神武阿毗、额阿妣献酒，给策举祖献酒，给恒度府献酒……献酒过后，天清地明，日月放光。布家的楚佐博大山，有了走兽有了生机，默家的诺扎山，迎来春意盎然，古侯家的鄂玉山，水流从此通畅了。君长的号令通畅了，臣子的办事省力了，布摩的祭祖顺利了。"这个时候发明酿造和用来献神的酒，充其量也不过是咂酒。

在彝家的酒歌中，酒也是分品级的。

"谁是酒中的君长？谁是酒中的臣子？谁是酒中的布摩？谁是酒中的新娘？谁是酒中的媒人？

蒸酒是酒中的君长，让你品尝到它的威力。烤锅酒是酒中的臣子，让你品尝到它的积累和老练。咂酒是酒中的布摩，让你品尝到它的成功。甜酒（糯糟酒）是酒中的新娘，使你甜蜜不怕沉醉。水拌酒是酒中的媒人，叫你先甜蜜而后沉醉！"

咂酒的酿制，用玉米、高粱或荞麦先炒熟、去壳，碾成砟粒，蒸过后，再用甜酒药发酵。发酵装瓮封闭后，温度均匀地保持在 30℃~50℃，20~30 天后可取出来用，咂酒味微甜而清香，酒精度数相当于啤酒和葡萄酒之间。取用咂酒时，用冷开水注入酒瓮中，然后将两根空心细竹管插至瓮底。竹管底部不通，根部四周钻有许多小孔，以棕叶包缠，使酒液由竹管导出装到酒具里，也可直接用竹管、麻管等物咂吸饮用。咂酒用来待客历史悠久。《兴义府志》（卷四十一）载：“凡饮，置糟于瓮，挹水注之，插管而吸焉，谓之‘咂酒’。”在婚事场合，据旧《安顺府志》载：“男家于堂中备酒一坛，插空心小竹筒数根于其中，请客任意畅饮，名曰吃下马酒。”

彝族逢年过节，婚丧大事及接待嘉宾时都常用咂酒。在婚宴中，通常先要斟三巡咂酒给客人后，再上六巡白酒，取三六九的吉祥数，又把咂酒放在首位，这也是彝家的三道酒的说法之一。共饮时，给人一种团结、和谐，友好和热情豪放的气氛。相传太平天国翼王石达开在受彝家款待时，痛饮咂酒后挥毫赋下“万颗明珠一瓮收，君王到此也低头。五龙抱定擎天柱，吸饮乌江水倒流！”的诗句。随着封闭走向开放，彝族“老咂酒”也走出乌蒙山麓，从而蜚声中外。

咂酒迎宾

花海 HUAHAI
尽歌舞 JINGEWU

● 撮泰吉，戏剧的活化石 ●

"撮泰吉"作为集文化民俗与戏剧于一体的一种载体，现仅流传于贵州威宁彝族回族苗族自治县板底乡境内。

"撮泰吉"在每年农历正月初三到正月十五举行，基本的表演情况是：

时间：远古。

地点：野外（演出地点和剧中地点）。

人物：

惹嘎阿布——山林老人，不戴面具，贴白胡子。

阿布摩——1700岁，戴白胡子面具。

阿达姆——1500岁，戴无须面具。

麻洪摩——1200岁，戴黑胡子面具。

嘿布——缺嘴，1000岁，戴兔唇面具。

阿安——小娃娃，阿达姆之

撮泰吉

"撮泰吉"系贵州省威宁彝族回族苗族自治县板底乡彝语"ts'^{21}t'l^{13}ndz^{33}"的音译,现在见到的文字音译名称有"撮衬姐""撮寸几""撮屯姐""撮特基""撮太几""撮泰紧""撮藤吉""撮藤景""撮泰吉"等十余种。因难找到比较接近彝语的译音,现在用"撮泰吉"的名称,是借吉利的谐音汉字做译名。

"撮泰"的直接意思就是"鬼","吉"义为"玩""戏",将《撮泰吉》连起来就是"鬼戏"的意思。这种翻译虽准确,但显得太俗,反映不了《撮泰吉》的文化内涵本质。《撮泰吉》以反映迁徙、农耕、祭祀、人的繁衍、扫灾星等为表现内容,承载着既传统又复合的民俗事象和深厚的民族历史文化底蕴。

子,戴无须面具(据调查,阿安原先是由阿达姆背着的布娃娃,无面具)。

牛——二人扮演。

狮子舞——三人扮演。

第一部分:祭祀。演出者身上四肢都缠着布以象征裸体,戴面具作猿猴步态,由阿布摩领着跟在狮子和牛之后出场。"撮泰"老人们手拄棍棒,发猿猴似的叫声,绕场一周后,开始向天地、祖先、山神、谷神及四方神灵斟酒祭拜,方向一致向西——这是祖先们迁徙来的方向。

第二部分:耕作。这是"撮泰吉"的主体内容之主要部分。祭祀完毕后,演出撮泰者手拄木棍,脚手弯曲,拙笨地行走,用吸气发声如猿鸣,齐声呼出惹嘎阿布,用彝语念诵对白,描述和表演如何送种

撮泰吉演示

子、买牛、驯牛、整地、播种、收割、脱粒、贮藏等过程。劳动间歇有嘿布挑逗阿达姆与之交媾，阿布摩发现后打走嘿布，有叙述谷种、粮食来历的情节。

第三部分：喜庆。丰收庆贺，演狮子舞。

第四部分：扫寨，包括扫火星。由惹嘎阿布率领众撮泰到村寨中的各家各户去扫除灾病瘟疫，在每家扫一间房就要一个鸡蛋，扯下房四角的一束茅草。四个撮泰阿布到各家都要把木棍插在土坑上摇来摇去，祝福祈祷

撮泰吉中祭土地片段

一番。遇到不会生育的人家还要挑逗夫妇俩，教他俩交媾时要像演"撮泰吉"时做的那样，即像猿猴一样从后面交媾而不是面对面交媾，祝福他们早添人丁，然后到村外埋三个鸡蛋占卜年辰，烧吃剩下的鸡蛋后呼"火星走了！火星走了"。

"撮泰吉"在我国古老的戏剧剧种中独树一帜，其民族艺术特色尤别具一格。在人类学、民族学、民俗学、戏剧学、舞蹈学、地方文化史学等方面都具有很高的研究价值，被誉为"戏剧的活化石"。因而进入了国家级非物质文化遗产名录。

在彝文古籍《西南彝志》《彝家宗谱》《彝族谱牒志》中，"撮泰"既是千年以前已作古者的灵魂，又是闪烁在天上的撮泰星座。"撮泰吉"的表演，可见彝族古代星辰崇拜习俗的一斑。

"撮泰吉"这一戏剧形态源于什么年代，至今尚无定论，但以它从丧礼仪式里脱颖而出，并成独立的演出活动这点上看，它的形成至少有3000年以上的历史，在数千年的传承过程中会存在情节的增减，复合与完善也应当经历了很长的历史时期。

在"撮泰吉"演出的祭祀过程中，有跳铃舞的情节。跳铃舞情节的出现，说明"撮泰吉"也浓缩地反映着彝家丧事丧俗活动传承的情况，同时也对它起源于丧礼活动的历史作了印证。

"撮泰"的6个主要角色中，惹嘎阿补是它们的领袖，"撮泰"

受惹嘎阿补的教化开导、指挥、利用。惹嘎阿补是唯一受到尊称的角色，因他带领"撮泰"祭祀天父、地母九十九天神、六十六山神、三十三土地神、房后山神、锅桩土地神等。惹嘎阿补代表了祖宗神和智者的形象。

1700 岁到 1000 岁的年龄组合，说明他们所反映的角色就是那个时期的，他们正是生活在那个时期的人。

在"撮泰吉"的表演中，撮泰们带着种子，从"太阳最先照亮的地方"的谷仇贝谷（昆明，古称"谷昌"）出发，将"五谷分出一枝，到阿芋陡靡（云南省会泽）生长，从阿芋陡靡，又分出一枝，落到古诺陆居（贵阳），从古诺陆居，又分出一枝，落入巴底侯吐（威宁），在巴底侯吐，又分出一枝，落入那娄（威宁盐仓）君长住地，从那娄君长住地，又分出一枝，落入裸嘎院子（板底乡裸嘎村）。"粮食的流落过程即是先民艰难的迁徙历程的反映。"撮泰吉"里的这段台词也可谓是浓缩了的《指路经》。"撮泰吉"所涉及先民的迁徙路线比较简略，但它反映的这一迁徙路线，无疑是有着与《指路经》衔接的历史与文化大背景的。"撮泰吉"以最原始最粗犷的表演，演示出一部彝族发祥、迁徙、生存、发展的历史。

撮泰吉中的农耕片段

● 阿西里西，荣登教科书的彝族民歌 ●

彝族民歌《阿西里西》，只有短短的四句词和反复的连唱，以它音乐的翅膀，从磅礴乌蒙山腹地的百草坪、韭菜坪大山下的彝家山寨传出，唱响神州大地，传向五洲四海。

简洁、热情、优美、奔放，《阿西里西》是旋律最欢快的彝歌之一，她百唱不厌，百听不厌。打动、鼓舞着一代又一代的彝家人，是最具代表性和标志性的彝歌。

《阿西里西》的歌词大意是：

咱们再来呀，

咱们再来呀，

钻呀那个钻篱笆，

快快来把篱笆钻。

这"篱笆"，只是一种象征意义的。"篱笆"的别称叫"龙门"，"阿西里西"源于彝家青少年亦舞蹈亦游戏的"牵手跳龙门"，在月明星稀的夜晚，在院落

阿西里西

威宁彝族回族苗族自治县的材料说：《阿西里西》"1959年创作出来后，参加省、地文艺汇演均获一等奖，并被拍摄为纪录片，是贵州省第一个被搬上电视银幕的彝族歌舞。同年，演员陈荣英、刘秀英应邀上京演出，受到毛主席和周总理的亲切接见并合影"（参见文贵摆·神秘乌撒·魅力威宁——威宁自治县彝族文化大繁荣大发展侧记·毕节日报·响水滩专刊·2013年2月21日）。

赫章县的材料说："1964年12月，赫章县珠市彝族等乡的彝族演员杨德会、陆永忠、罗兴秀、罗林姐、龙宪英赴北京参加全国少数民族业余文艺观摩演出，毛泽东主席、周恩来总理亲自接见了他们，中央人民广播电台还播放了《阿西里西》舞蹈的音乐曲子。随后，《阿西里西》被选入小学音乐教材，并一直沿用至今"（参见蔡林伦张以洲，《阿西里西》入选"中国少数民族十大民歌"名录。中广网·2008年7月17日）。

阿西里西

旁熊熊的篝火边，彝家青少年男女，站成一字排，挨着站的人，后面一人的手都放在前面一位的肩上，带跳的人先拉一人钻过第二个人的手下，依次轮流从每个人的手下钻过，钻的人越来越多，"龙门"越来越少，直到最后一人也被带走了，又恢复开始的站列，又再一次钻，周而复始，到玩累为止。钻"龙门"跳的时候，边唱《阿西里西》边钻。《阿西里西》为男女老少所喜闻乐见。

1959年，彝族民间音乐家代俄勾吐汝（李永才）先生在搜集整理的基础上，将"牵手跳龙门"创作为《阿西里西》。一时之间，《阿西里西》在百草坪、韭菜坪大山下的彝家山寨家喻户晓，竞唱开来，

并走进了北京的舞台。

歌舞《阿西里西》曾被电影制片厂拍摄成艺术片《花儿朵朵红》在全国放映，随着电影《花儿朵朵红》的放映，《阿西里西》歌声不胫而走，飞过高山，飞过平原，飞过黄河长江，先后被收入贵州省小学音乐教材，被编入人民教育出版社《义务教育课程标准实验教科书·音乐》教材。《阿西里西》在全国中小学生的课桌上，放了一张彝族的名片。

以《阿西里西》的乐曲编排的舞蹈易学易跳，群众的参与性和互动性非常强，是彝族年、火把节等大型节日期间的音乐主旋律，广大彝族同胞就在房前屋后、田间地头自娱自乐时的精神食粮。

细细回味《阿西里西》的旋律，那"钻篱笆"真正的意义，正是彝族音乐文化底蕴的厚重，内涵的丰富所绽放出的绚丽花朵。

阿西里西

● 铃铛舞、海马舞，古朴雄浑的祭祀舞蹈 ●

铃铛舞

根据彝文文献《什勺丧祭记》《物始纪略》记载：远古时期的什勺部族在点吐博略（今云南省大理的苍山一带）为先人举行丧祭、跳丧舞惊动了天上的最高主宰策举祖，因而降下了病根与死种。又据《彝族源流》《细沓把·额索祭母》记载：集彝族先祖与司命之神于一身的阿姒额索的母亲米祖洪则去世了，额索为之举行丧祭并哭祭，为报额索恩，飞禽、走兽、植物、龙、水等的君臣布摩率其民争着竞相替额索祭母，白鹤、杜鹃、野狐、野人、植物的布摩箭竹、动物的布摩野兔等都前去助阵，野人吹奏芦笙、野狐挥动舞帕，龙虎跳起丧舞，场面隆重非凡，报了额索的再造大恩。又据《彝族源流》《洪水泛滥史》记载：洪水泛滥之后，彝家的再生始祖笃米经策举祖的撮合，在碧谷恳嘎歌场同沽色女、诺色女、布色女对歌对舞，太阳星女、月亮星女、北斗星女、野鹤、野狐、野人等都前去助阵，吹奏芦笙、挥动舞帕，尽情欢跳，热闹非凡，先祖笃慕也因此与沽、诺、布三天女婚配，生下了"六祖"，并传下了彝族歌舞。这是乌蒙彝族铃铛舞起源的最早的传说。在云南省晋宁石寨山出土的古滇国鎏金青铜四人铃舞的形象里，也可找到彝族古代舞蹈铃铛舞的形态。数千年来，生活在乌蒙山深处的彝家，创造了独具特色且自成体系的舞蹈文化，铃铛舞就是其中的代表作。铃铛舞则浓缩了一系列的丧礼舞，如《曲照》

（转灵房）、《勺朵》（摔香舞）、《肯洪呗》等舞蹈。

从铃铛舞的道具与反映的内容看，着的是带有象征武士装和尚武颜色的红色骑马裙，有的还戴竹编的顶系红缨头盔，舞者以红、白、黑、黄来象征四方将领，有着军事舞蹈中战争场面描写的寓意，手持铃铛以示骑马，同时也用铃声来控制舞步。刻画了彝族传统的尚武意识。同时，铃铛舞的内容主要也可以解读为：表现彝族先民在与大自然的搏斗中翻山涉水，逢山开路，遇水搭桥，勇斗豺狼虎豹，然后男耕女作，生息繁衍和大迁徙的壮阔画面。铃铛舞由古代的官场祭祀回归为如今的民间丧祭，场所虽然改变了，但是形式和内容却没有改变。

乌蒙山彝族十分注重隆重祭祀活动。祭祀的时候跳铃铛舞，用舞蹈的肢体语言形式，歌词上反映的对白，表现出对死者的怀念，同时也用叙述的方式给死者开出一条沿历史上老祖宗的迁徙路线去老祖宗的归宿地的路，让死者一路上让开荆棘和毛虫的阻挠，顺利到达老祖宗的归宿地和茫茫星空，摇响铃铛如战马奔驰，震慑挡道者让路。铃铛舞的肢体动作力度很大，伴唱的词曲悲壮感人，为的是表现死者亲属沉痛的心情。有人说铃铛舞的铃声是彝族祖先在战乱中伤亡过大，领头人为安定人心，用马铃铛在手中有节奏地摇响，使后面的队伍相信伤亡人数不多，他们还有再战的能力。而舞蹈过程中的背托动作则表现彝族先祖在征战过程中相互搀扶、艰难前进的过程。

彝族铃铛舞以歌舞的形式承载了历史，蕴涵丰富的彝族历史文化的内容，反映彝族历史上不断往四方迁徙的筚路蓝缕、以启山林的艰苦创业精神，表现出典型的非物质文化遗产的特性。随着时代的发展，铃铛舞所表现的内容也产生变化，从单一的丧礼舞蹈脱颖而出，走上舞台，荣登民族民间文艺演出最高奖"山花奖"的宝座，进入国家级的非物质文化遗产名录。

古朴雄浑的彝族铃铛舞在铸就乌蒙魂的历史进程中体现了其应有的价值。

海马舞是贵州黔西南和六盘水市盘县彝族特有的一种传统舞蹈，表演三人一组，其中一人扮马哥，二人扮烈马，马哥道具为一人高竹竿两端各系一朵红白花，烈马则由马头与马臀两部分分别系于舞者腰间，道具由竹编骨架糊白绵纸做成。表演时，舞者手持马颈，步伐有双脚并跳、跐步跳、变脚跳、自由奔跑等跳法。马哥手中的花棍用作

铃铛舞

引导烈马作各种舞步、以钹、锣、鼓伴奏。

海马舞在丧事活动中表演，由扮马郎与扮烈马的人组成一队围绕棺材进行表演。

第一圈表演马帮跋涉，意思是告诉亲朋邻里，马帮来了，已请回亡灵入棺。

第二圈表演调遣马队，马郎带领烈马不时朝灵堂叩拜，表示向亡灵磕头。

第三圈表演烈马争斗，情景热烈，表示亡灵年轻结婚时那热闹的场面又回来了，告慰亡灵不要忧伤，高兴而去。

第四圈表演降服烈马，马郎用法器打马表示亡灵已上西天，丢法器表示喂马，休息一会儿还得继续赶路前进。海马舞伴奏以皮鼓为主，辅以钹、锣。鼓点两种，一种为"乱打"，近似京剧中使用的"急急风"；一种为"齐打"，三种乐器按舞者步伐同时敲击。

据普安地区彝族人传说：孟获之前的历位蛮王都有生啖活人的习惯，是孟获革除这一陋习。孟获善待百姓，且足智多谋，被彝族尊为英雄。海马舞据传是他亲自创作的一套舞蹈，最初名为马舞，由于彝族对自然界的水有着强烈的崇拜意识，遂将"马舞"改名为"海马舞"，并在每年农历六月二十四日跳此舞以纪念英雄。

清康熙年间，谢、柳、车、毛等姓氏彝族从云南迁到贵州的普安地区（黔西南和六盘水市盘县彝族居住地），海马舞也随之传入。海马舞源于彝族传统的祭祀活动，后来进入农耕、庆典、节日等活动，并走进了现代的大舞台。

● 咪古歌舞，"比一头牛的毛还多" ●

所有喜欢歌舞的民族都说，他们从"会说话的那天起就会唱歌，会走路的那天起就会跳舞，会喝水的那天起就会喝酒"。的确，彝族的咪古歌舞，"比一头牛的毛还多"，这句话，既无折扣，也少夸张。

彝族的"咪古"，是"腮咪"和"洪古"的缩称，是各种歌的词和曲的总称。为了强调和突出"咪古"的神圣性，在万物有灵的崇拜中，关于文化方面，有文字神、书神、知识神、见闻神、歌神等受到严肃的祀奉，"咪古"里的"腮咪"的主管神称"腮色吐足佐，即布룻举奢哲"；"洪古"的主管神称"洪色舍甯蒂，即恒依阿买妮"。他们都是哎哺时期

的圣人，由圣人而荣登神的宝座。由"腮色"即知识神管"咪"，"洪色"即见闻神管"古"，足见彝族先民是把"咪古"当作神圣的知识来对待的。"咪古"称之"祖乃摩杰"，意为"是君王家的礼仪的产物"，是古水西、乌撒两个祖摩政权所倡导的人生礼仪习俗。

在传统意义上，作为一个彝人，是歌把他迎接了降生到人世间，这就是"吉录谷"（祈子歌）；他要为自己唱足儿歌、情歌、婚歌，这就是《嗡诺咪》（儿歌）、《曲谷》、《阿买恳》、《曲姐》、《诺沤》、《陆外》等；当他离开人世间，人们用歌

把他送到另一个世界，这就是《恳洪》《摩史苏》《恳咪》《细沓把》等等。一个人在他的人生旅途中，要一直把歌唱到生命的尽头，从谈情说爱、婚嫁、丧事与其他各种社交活动都涉及系统的一整套习俗礼仪，由于每种习俗礼仪中的每个程序各用一首歌来完成，各种习俗礼仪中的每个程序如果缺少歌唱就不可想象了。正是这些浩如烟海的歌，不仅成为古代彝族婚丧与生存文化的载体，而且创造了辉煌灿烂与独具特色的古代诗歌艺术。"咪古"作为彝族人生礼仪习俗文化的一大系统，有《曲谷》（情歌）、《阿买恳》（嫁歌）、《曲姐》（嫁歌），《陆外》（婚歌），《恳洪》或《恳咪》（丧歌），《诺沤》（庆典歌）、《摩史》（庆典或婚歌）、《细沓把》（丧歌）、《摩久》（庆典歌或婚歌）等分类，且都是以口传为载体记录传承的，"咪古"表现为口传非物质文化遗产的特征突出。

"咪古"的母体格式为五言三叠章，彝语称"叟口咪"，学者以"三段式诗歌"的说法进行界定。彝家的"鲁比"说："三段式的歌，无人不掌握。"无人不掌握的三段式诗歌相对固定运用比兴的表现手法，第一、二段先言它物，第三段引起所言之物，如《曲谷·开得艳的花》："开得艳的花，要数杜鹃花，开花不结果，真叫人辛酸！涨得好的水，要数小溪水，水涨不过岸，真叫人辛酸！痴情的女子，数歌场阿妹，得不到自由，真叫人辛酸！"

三段式的"咪古"因为无人不掌握，所以它能通俗地流传，于是就打上了"俗"的印记，然而它是母体格式，"雅"又由它派生而来，格式上将三段式成数倍、数十倍地延伸，根据内容的需要用三段式格式往下堆叠创作，就出现了彝式叙事长诗，长诗或长篇脱颖于三段式，它的雅的地位是不容置疑的。"咪古"中的各个分类，表现的形式和手法都是统一的，不同的是，根据习俗礼仪类型的不同来表述不同的内容。《曲谷》与《曲谷走谷》表现为坚贞不愈的恋歌；《阿买恳》与《曲姐》表现为女性心声的绝唱；《肯洪》《恳咪》《细沓把》表现为生离死别的倾诉等。

"咪古"在彝族诗歌等文学上的贡献是巨大的，可谓是彝诗的母体，"咪古"作品是彝族诗歌艺术的瑰宝，无论是它的长篇还是短歌，其藏量都十分丰富。从诗歌的角度上说，三段式的"咪古"歌词，以及由三段式发展起来的无数被称之叙事长诗的长篇作品，都是以三段式这种创作形式的。三段式是标准，但也并非固定不变，如《细沓》《诺沤》等三段式发展而来的文献《咪古》，突破了三段式，而形成多段式，或四章叠章若干句，或六、八、九等叠章，但无论哪种叠章，都是以五言句为主，三、四、七、九、十一言极少。在手法上赋、比、兴的运用随处可见，与《诗经》中的十五国风有异曲同工之妙。

坚贞不愈的恋歌《曲谷》

《曲谷》即彝族情歌的彝语名，专门仪式有谷直候（献酒奠神）、谷邛赖（叙歌祖）、兜（争伴侣）、斗把勺（约伴侣）、乍（试探）、哲（商议）、诸（求）、珠（催）、陡朵（出门）、沟（渡）、啥（会）、足（聚）、才尼（入座）、开（排列位置）、口扑（开口）、叩（入题）、诃合（开场）、姐则杜、颖则措（树感情建恩爱），至此，开场仪式结束，即进行长短歌的对唱比赛，时间十数日或数日、或少则一夜不等，到结束时还有纠（分手）、合（送别）、阁（退场）、姐则颖则给（断情根）、颖写（招魂）、谷颖漏（退神）等一系列仪式程序，才算一场情歌活动的完成。主持仪式和分胜负，由称"把鸠"的负责，他（她）既是司仪又是裁判，曲谷虽然是情歌，但它的词却高雅，加之曲调伤感，绝无（也不准有）庸俗的"淫秽之词"嫌疑，《曲谷》既是男女青年相互倾诉爱慕之情的情歌，也是"求子"活动即拜生育神——吉录的习俗用歌，它可谓人生三部曲中的第一部曲，关于爱情和生育的歌。

《曲谷》的长歌，即长篇叙事情歌，称"走谷"，"是彝族传统文学中的精品，有的干脆称之"曲谷大道理"。目前，在彝族聚居区，仅有个别六十岁以上的男女略有掌握。"走谷"的内容十分丰富，或称"十二走谷""七十二走谷""一百二十走谷"，数量很多。每首长歌为一个恋爱故事。这些恋爱故事的主人公有人：如《米谷姐娄啥》《娄赤旨睢》《益卧布珠和洛蒂舍芝》《娄克布汝

曲谷

《曲谷》所表现的内容，都是男女对爱慕之情的倾诉，和对阻碍、压制青年男女爱情的行为进行强烈的控诉。《曲谷》的三段歌，是一曲曲、一首首控诉不合理的婚姻制度的悲歌，由压抑、低沉、悲伤的曲调包装的歌词，言简意赅，艺术魅力感人，出自生活的每一首歌，就是一出爱情的悲剧，一代代传唱它的人又不自觉地表演现实生活的角色，扮演一出出爱情悲剧。《曲谷》震颤着一代代人的灵魂，使他们的心灵得以荡涤、净化，从而培养出美的愿望，造就审美的意识。

和丕娄能妮》《德勒益嫩妮和阿博祖汝尼》《普陀尼之子和卓罗纪之
女》《独谷蒿孺郎和益比吐嫩尼》《娄赤旨睢和祖摩阿纪》《妥目布
汝和毕拜勒嫩尼》《慕勾阿尼汝和不卢姐嫩尼》《素色布汝和慕勾祖
嫩尼》《海阿博汝郎和娄德比吐朵》《益卧布汝和益居鲁之女》《投
牟布汝和法克阿三》《阿氏巴汝和安娜娥嫩妮》《慕勾祖汝和勾笃默
妮》《布娄布举和阿依德洛》《布娄布举和祖蒙卧娄吉》《希洪伟舍
珠》等。还有天、地、日、月、星、云、草、木、山、水、鸟、虫、
兽等，如《天郎和地女》《恒扎祝和投扎笡》《笃勒和撮艾》《太阳
姑娘和月亮小伙》《北斗星之女和南斗星之子》《青星之子和红星之
女》《白云郎和黄云妹》《鲁洪山之女和色图山之子》《布益河阿妹
和那益河阿哥》《云雀女和山雀郎》《白翅鹤和青杜鹃》《小红鸟和

篝火边的曲谷

小青鸟》《布谷女和喜鹊
郎》《青草女和红草郎》
《蚯蚓女和蚂蚁郎》《花鹿
女和黄麂郎》《香獐郎和狐
狸女》等，举不胜举。彝族
中的"曲谷走谷"，以五言
诗体为主，大都采用比兴手
法，语言生动优美，或夹叙
夹议，典故、格言、成语被
自如运用。自然界的一切都
被拟人化，而且人情味十
足，性格各不雷同。每个故
事包含有环境描写、故事情
节、人物形象三个要素，
同时集恋爱故事、寓言、
童话、神话的表现手法于一
体，具有很浓厚的民族特征
和浪漫主义色彩。堪称彝族
诗歌艺术中的珍宝。

传递心声

女性心声的绝唱《阿买恳》

　　彝家的出嫁歌叫做《阿买恳》，在"咪谷"类中占的比重最大，同时，它和《曲谷》（情歌）、《陆外》（婚歌）、《恳洪》（丧歌）一样，既有以三段为主的"叟口咪"，又有若干叙事长诗式的"咪洪舍"，在彝语东部方言区广为流传。出嫁歌的口头流传部分称《阿买恳》，为布摩、摩史所收录。而作为本子流传的部分则作为《诺讴》的一部分。《阿买恳》是姑娘出嫁活动中，所举行的各种仪式的用歌，即每个仪式用一首以上的歌来完成。它是女子出嫁过程中各种民俗活动的载体，记录、规定和规范着必须举行的民俗礼仪活动。这些活动从一开始，就在一种悲伤和压抑的气氛中进行，并在悲恸的高潮中无可奈何地结束。当迎亲的人一踏进寨门，就要被出嫁者的女伴设下一道道关卡用歌盘问，迎亲者要闯过一道道关卡，就必须掌握并娴熟运用礼仪用歌，依次为：初初候（敬迎亲者）—府启嘎（赶开挡住开亲的狗）—濯阁扑（开篱门）—濯嘎阁扑（开司礼台之门）—濯嘎扑（打开司礼台）—

初初候——对歌过关卡

哭嫁

开门歌

迎歌神

输歌要抢筷

阔扎透（出示礼物）—苦洪外（歌颂名望声威）—洛透打（上石梯）—陆阁扑（开寨门）—可则约则勺（叙碗盏根源，开始进餐）—诺栖诺毕（婚嫁起源）—克武曲姐（又叫果沟果嘎尼，意为端坐在大堂上）。活动由嫁女人家的女歌师主持，设一张桌子，上面摆放供物，娱女子命运之神）—开箱锁—阿树（出嫁歌序歌）—濯阁扑（开篱门）—进濯嘎—恳几扎（巡视查验歌场）—嫁女送亲—迎歌神—许沽（披披毡，女方歌手与迎亲方男歌手抢夺盖在新娘身上的毡子，反映女性对出嫁的不甘心和反抗）。至此，出嫁歌舞由固定式转换为自由式，根据时间组织对歌，或唱三段式，或唱诵长篇的嫁歌。出嫁歌唱到最伤心处时，也正是出嫁的姑娘被抱上马（轿），由姑娘为人妻，踏上人生转折的第一步之际。此时，要举行收掩收场仪式，用一首名为"署忍"的歌收场，把悲伤留在歌场，逐去为人们的伤心而幸灾乐祸的邪祟。

歌手们把开展的这一系列活动自豪地称之为"祖乃摩节"，意思是君长所实行的礼仪。为了这崇高的礼仪而苦苦寻找"咪谷"的根，歌手们从小跟着父母学，

与同伴交流，不断丰富自己的
"咪谷"知识，以图在一场场的
"阿买恳"活动中大显身手，在
"阿买恳"的歌场上表现与发挥
自己。总之，"阿买恳"教育着
同一文化圈的人们，尤其是女性，
使口不读书，眼不识字的妇女演
唱中获得天文方面的知识、地理
方面的知识。在伦理道德方面，
教育涉世未深的出嫁者怎样去处
理家庭和社会间的各种关系，事
实上是一项普及知识与教育的活
动。《阿买恳》歌词有着浓厚
的语言和文学艺术特色，比兴手
法的应用贯穿始终，比喻、夸张
等手法的娴熟运用，浪漫主义色
彩随处可见，丰富了作品的感染
力。从体裁上也还可分出神话传
说，如《创世歌》；童话寓言，
如《声音震动了山谷》。在言情
方面，突出一个情字，父母、母女、
兄妹、姑嫂、姐妹之情，情浓至深。
正是《阿买恳》本身具有多方面
的价值，作为人生三部曲中主要
的一部曲，即人生转折之曲，作
为彝族"咪谷"中的一个重要部
分。在社会更加信息化，更加知
识化的今天，在商品化、市场化
等各种文化的冲击和包围下，构
筑《阿买恳》这种原生传统习俗

水浇杜鹃花

诉说婚嫁史

唱赢就开门

出嫁

出嫁上马

嫁歌《阿买恳》

文化的基础已削弱，观念意识正日趋淡化，乃至逐渐消失，使之自然成为一种濒危文化，一些常见的依赖习俗而生存的文化，正加速消失，在我们的眼皮底下一晃成了遥远的过去。

《阿买恳》（《曲姐》）也有许多长篇，如《乌鲁诺纪》《阿玉哭嫁》《妹为兄出气》《放白猿归》《朴巧侯乌哭嫁记》等。《阿买恳》（《曲姐》）的传承还得益于布摩和摩史的代代传抄，它的消失速度必将远远慢于号称是"布摩的弟弟"的情歌《曲谷》。

迎亲的队伍

姻亲纽带的赞歌《陆外》

彝家结婚时在新郎家唱的歌称之《陆外》，彝族鲁比说："轮到嫁女儿的哭了；轮到接儿媳的笑了。"《陆外》这种歌自然就是笑的欢歌。唱《陆外》的仪式没有唱情歌、嫁歌、丧歌，特别是唱嫁歌那样繁多与严格，从保留到今天的习俗上看，还是从它的歌词的分析上，都可以得出这种结论。然而在一整套和一系列的习俗过程中，却又是必不可少的。唱《陆外》的活动通常在迎进新娘的第二天（称"谷荀"）举行，在新郎家的大堂，做两大排对座，分宾主，以送亲队的一排为宾居右，以新郎家的代表为一排为主人居左。新郎家的歌手唱一两首起头歌后，客方就可以开唱，或进行对唱。"陆外"这种还有一个特点，就是不绝对在新郎的家唱，迎亲队到新娘家迎新娘的时候，在拜见新娘家的"绰嘎摩"（坐镇管事堂的德高望重的族老等人）和展示礼物的两个仪式时也会唱上两首。

《陆外》常见的篇目有《起头歌之一》、《起头歌之二》、《撮合婚姻》、《银树长在哪》、《理祖上亲源》、《清舅根》（一）、《清舅根》（二）、《要马种、求开亲》、《开口陆外》、《葛姆大山上》、《歌唱威望》（一）、《歌唱威望》（二）、《歌唱威望之三》、《探知识、忆见闻》、

新娘的礼物

向长辈献礼

《追风源》、《召唤日月》、《阿哲姆弄巴（鸦反哺报恩）》、《放白猴归山》、《阿娄哟阿娄》、《谷苟》、《叙礼仪杖》等。

《陆外》的最大内容特点是对联姻的颂扬，因清理舅舅的根而上溯历史，于是引出开天辟地的神话和传说；又因清理外甥的根，追溯婚姻的起源。告诉人们"六祖"是怎样开始在内部开亲的，彝族的各部是什么样的婚姻状况等。宣扬"舅权"至上："苍天是无法攀越的，舅权是至高无上的。"在歌词的体例上，《陆外》和《曲谷》《阿买恳》等又是完全一样的。它既有短的三段式体例的歌词，也有叙事性的长篇式唱词。在《咪古》中，"陆外"这一类别算是幸运的，不仅有口碑的传唱，而且有毕摩和摩史的积极转抄而得以传世。

酒礼

倾诉生离死别的《肯洪》《细沓把》

　　《肯洪》的彝语意为"丧事歌"，如表达亦歌亦舞，则说成"肯洪贝"。作为人生的终曲，"肯洪贝"仪式是异常隆重的，它借丧礼活动的隆重来推出，丧礼活动则通过它来烘托隆重的气氛，因此，在布摩的《吉禄札》文献中，更是在大开本的书里，用图画连篇累牍地记录这种民俗事象活动的隆重场面。

亡灵宫殿的"翁车"

　　《肯洪》的歌词有两种传承形式，一是布摩、摩史用彝文进行记录；二是歌手们一代又一代地相互口传，表现为口碑的形式。布摩、摩史记录的《肯洪》歌词篇幅都很长，一般都在两万行以上，采用问答的形式，所以它不太便于记忆。口传的《肯洪》的歌词一般都以比兴的三段式形式，因此十分便于记忆，尤其是利于在民间的传承。由于丧事活动的民间承受力的制约和现代布摩学识弱化两大因素的作用，歌手们口传的《肯洪》的歌词已足够应对场面。

　　彝家的丧事活动场面是十分隆重的，以主人家为一方，各姻亲家作为多方，讲究体面和排场，彝家格言"鲁比"和情歌等古歌都推崇"打牛染红山顶、打羊染红山腰、打猪染黑山脚、打鸡填花草丛"丧

布摩酒经

事祭祀。《贵州通志》卷三载：彝人"死则集万人计，披甲胄，持枪弩，驰马若战斗状。"《贵州图经新志》载："凡死丧宰牛祭鬼，披甲执枪，乘骏马往来奔骤，状若鏖战，以逐鬼神。"《黔记》载："酋长死，则集千人，驰马若战。"《大定府志》载："会者千人，骑马若战状。"《贵州通志》等明代以来的汉文献都对彝族的丧祭仪式作了一定的记录。彝家逢有丧事，主人家用草木纸布等搭建若塔亭状临时建筑，内停放亡者遗体或招有早逝者灵魂依附的灵魂草（代表和象征早逝者），

铃舞献亡灵

以便于为之举行丧祭、悼念仪式。若塔亭状临时建筑，彝语作"翁车"、或"额车"、或"恳很"等，先由主人家行"曲照"（或称"杰照"）仪式，仪式由称"补吐"的人作前导指挥，布摩随其后，布摩之后一人执象征旗帜的《那史》，《那史》之后是四名或八名亦唱亦舞《肯洪》的铃铛舞手，铃铛舞手着象征戎装的红色"骑马裙"，头戴纸竹制的头盔，铃铛舞手之后为数十计、或百计、或千计持刀枪剑戟与牵牛猪羊三牲的称"骂幺"（士兵）的人，在"补吐"的指挥下，围着若塔亭状临时建筑及其四角转，布摩念经，铃铛舞手歌舞《肯洪》，"骂幺"鸣枪放炮喊杀，象征演武布阵，或转作太极形，或转作鹰翅形等。由主人家进行后，奔丧的各姻亲家至少如法举行一遍相同的仪式。主人家和各姻亲家的铃铛舞手所歌舞的《肯洪》，从"曲照"进入仪式，仪式歌如《检验丧场》《导歌舞》《火把导歌舞》《灯笼导歌舞》《舞帕导歌舞》《芦笙导歌舞》《丧杖导歌舞》《布吐导歌舞》《制火把》《制灯笼》《制舞帕》《约舞伴》《寻医找药》《药医》《神医》等。奔丧的各姻亲家的绕灵转的"曲照"仪式结束，依父亲的舅舅家最大、母亲的舅舅家次之，其余再分长幼的辈分秩序进入各自的火堂，晚饭后，主人家的《肯洪》铃铛舞手按长幼辈分到各姻亲家的火堂跳一曲《肯洪》，各姻亲家的《肯洪》铃铛舞手亦按长幼辈分到死者的灵前献歌献舞，所献歌舞即切入主题，根据死者的身份，与奔丧下祭者的关系，歌手依奔丧者对死者的称谓称呼死者，或照着唱本，或择对号的歌，表达对死者的深切怀念，倾诉生离死别之情。到天快亮时，各姻亲家的《肯洪》铃铛舞手再按长幼辈分到死者的灵前献《献香舞》，并各自唱跳《退场舞》，退开歌神等，仪式结束，布摩举行早祭和指路仪式，就可以送死者殡埋（清代前是焚烧）。

作为丧事歌的《肯洪》，从形式上反映与演示丧俗仪式，内容上承载着彝族历史文化的博大内涵，在对世界认识的记录，对生死观的表达，对于亲情的真挚，对彝族传统诗歌的保持发展等都发挥着不可替代的作用，因而体现出了它应有的非物质文化遗产特征的突出价值，著名的铃铛舞从丧礼舞的《肯洪》中脱颖而出，成为国家级的非物质文化遗产代表作已作了充分的证明。

《细沓把》通常是《丧祭经》的一部分。主要由奔丧的姻亲家的布摩唱诵，主人家的主持布摩也对答唱诵。唱诵的曲调旋律与《肯洪》一脉相承。唱诵《细沓把》是在念完《丧祭经》或《解冤经》之前，也就是在指路仪式进行之前。这种仪式的礼俗程序，主要存在于古乌撒部地，而流传至现代。彝谚有"在阿哲地方不兴'细沓'仪式，在乌撒地方不兴'波觉'仪式"的说法。丧祭时，乌撒部地举行"细沓"仪式，阿哲部的对应仪式是举行"波觉"。"波觉"这种仪式还可能存在于曾属水西阿哲部的水城县一带的边远山区。"细沓"以相似于《肯洪》的声调唱诵，而"波觉"，就是在这时候唱的《曲谷》情歌。

《细沓把》，从字面上解释，就是破死神、与死者离别的意思。但《细沓把》的开头有开宗明义的说法：

"祖宗被鹰啄，子孙去猎鹰，
猎鹰先破崖，破崖挨近鹰，
砍了鹰爪子，解了祖宗恨。
祖宗被虎扑，子孙去猎虎，
猎虎先破林，破林挨近虎，
砍了虎爪子，解了祖宗恨；
祖宗被蛇咬，子孙去捕蛇，

铃舞传承人

　　捕蛇先破坎，破坎挨近蛇，

　　割了蛇舌头，解了祖宗恨。"

　　《细沓把》的"细沓"有为祖宗报仇而报复死神的含义。接着就明确了布摩的义务：

　　"在空中，飞鸟不为自己破死，

　　是雄鹰替鸟们破死；

　　在林间，走兽不为自己破死，

　　是猛虎为走兽破死；

　　在人间，主人家自己不破死，

　　是布摩为之破死。"

　　《细沓把》从内容上看，又分为破死神、哭灵、祭灵、劝孝、论生死等几类，以哭灵为例，有固定的《赦屈哭祭先父》《额索哭母灵》《为失子痛哭》《子哭母》《舅哭甥》《甥哭舅》《父哭妻》《妻哭夫》《婆哭媳》《媳哭婆》《诺哭啥》《啥哭诺》《鹤哭松》《野羊哭崖》《谁不死》《哭风》等；祭灵类如《子贤祭亡母》《祭额哲布嘎》《祭汝策阿尉》《祭德初赫保》《祭阿恒纠朵》等；劝孝的如《阿租苏亘买父》等；论生死的如《殊达特巨》等。总之，《细沓把》均用长诗的体例，以叙述亲情、亲戚、亲属间的生离死别故事为主，包容劝孝、生死观等内容，是都以文献为载体的，同时又是用唱的形式来表达的。

为亡灵"布兵摆阵"

婚丧 HUNSANG

YOUDUTE 尤独特

● 婚嫁，始终用歌完成的仪式 ●

　　彝家迎娶一位新娘，艰难重重，寨门前、院落边、门槛前，布满了机关，因此要"冲锋陷阵""闯关夺隘"。

　　闯关夺隘，既不用强弓利箭、坚甲利刃，也不用兵强马壮的十八般武艺。闯彝家的婚嫁关，要靠非常良好的记忆，掌握娴熟的歌词和礼仪，反应的敏捷与灵活。婚嫁关，叫做门，实际上就是门关。门关或称九十九道，六十六道，三十三道。仅设十二道，也代表了这些吉利的数字。门关的关卡，不用铜铁、石木设置，女方家的歌手、出嫁的姑娘的女伴们，仅用两条竹枝插地，枝头交叉，绾做弓形，男方的迎亲队，用再大的强势和武力都撞不开，只消用一首首被问的歌答对，对上了，用手轻轻就拨开。如下面的一道道关卡：

　　初初候：意为敬迎亲者，是第一道关卡。问鞴鞯马，问责任，问礼品，问来的目的，问托付，问箐林，问银乡花、金乡花、铜乡花、杜鹃花，问松下菌，问庄稼长势，问燕麦，问风雨，问

亲情歌

对上歌了

嫁歌《阿买恩》

路途中所遇闺女的美貌，九十九座、六十六座、三十三座山头的杜鹃。问16首歌，答16首歌，当边答问第13首到第16首的杜鹃花时，迎亲队得到酒喝，也得到姑娘们用杜鹃枝浇洒清水淋身的祝福。

府启嘎：意为赶开挡住开亲的狗。新娘的女伴在迎亲队必经的路上设的第二道对歌关卡，唱问九十九匹骏马，六十六条劲犬，三十三只雄鸡，九十九条水牛，六十六位兵，三十三位姑娘挡在道上，迎亲队怎样通过？迎亲队答唱用缰绳、骨头、粮、草、酒、丝线买了通过。

濯阁扑：意为开寨子外的篱门。唱问和答唱北边银篱门，南边金篱门，中部铜篱门，是谁人打开，由谁人通过；银篱门、金篱门、铜篱门设置在哪里。

洛透打：迎亲队上石梯时候的对唱。对唱九级布局的石梯，纹路宛如猪儿牙。石梯挂有三、六、九幅黄绢，写着舅舅和外甥的名字，在这里对唱认亲认戚。

陆阁扑：意为开寨门，实际上是过女方家大门时设的关卡，唱问和答唱：树种来自何方，树苗长在哪里，植树的是谁人，伐木的是谁人，锯木的是谁人，做木工的是谁人。九十九寨门的银锁，六十六寨门的金锁，三十三寨门的铜锁，你

《阿买恳》对唱

怎样打开，经过对唱对上了就打开大门，放进迎亲队，否则，进不了大门，用不成晚餐。

可则约则勺：答唱叙述碗盏的根源，从竹子、削筷子、烧碗、砍伐杜鹃树凿勺、喂养牛、宰杀牛、煮牛肉、安排九十九张桌，六十六金杯，三十三双筷，摆出宴席；答唱制牛枷，做犁头，制铧口，开垦阿着地坝子，烧荒，耙地，播种，收割，做出饭，献天神地神，又献土地神，献五谷之神，再与新娘家的祖宗献祭。长篇的歌，唱了对得上，得酒喝，得饭吃，否则，新娘的女伴要强夺迎亲队的筷子，只有挨饿的份。

濯嘎阁扑：开司礼台之门，濯嘎坐着女方家德高望重的长辈，主持新娘的出嫁仪式。对唱马蹄篱门的声威，来者若是君、臣或布摩，各人根据职责入座，作为迎亲的"写初"必定带包单，坐在下方！

濯嘎扑：打开司礼台。由迎亲队向新娘的爷爷等长辈行三步礼，也叫拜爷爷堂，边敬酒边唱：

圆圆的天空，圆圆的月亮啊。要是没有那月亮，就不能召集星星。要是没有那星星，月亮也就没有威望。

圆圆的地上，打麦场圆圆。要是没那打麦场，就不能收拢粮食。要是没有那粮食，打麦场就无威望。

团员的人们，把老人围圆。要是没有老年人，年轻人就不团聚。要是没有年轻人，老年人也没威望。

阔扎透：出示礼物，也叫拜奶奶堂。迎亲的又唱：

打开第一种礼品，是一坛美酒，放置在濯嘎，是酒歌用酒。

打开第二种礼品，是凤冠头饰，是串珠头帕，是霞帔坎肩，是镯子戒指，是披风长裙，是鞋和袜子。

打开第三种礼品，是"写初"的舞姿。

迎亲队还摆出纱壮猪肠油、酒坛，诵说"纱壮猪肠油有一千二百斤，是用来献歌神和女子命运神用的，长着十二只耳朵的坛子盛的是唱《阿买恳》的美酒"。

诺栖诺毕（唱婚嫁起源仪式）和克武克佐（献歌神和女子命运神仪式）。新娘的姑母、嫂子等在大堂设桌子，摆上升子和猪脚油等，新娘和女伴坐在右下角。唱婚嫁起源，献歌神和女子命运神仪歌，唱给新娘劝衣劝饭歌，分别歌。分别歌唱到高潮时，伤心调迭起，新娘由哥哥或兄弟背着在火塘走三圈，边唱伤心调边背到歌场。新娘的姑母、嫂子、女伴和迎亲队尽情尽兴对唱一首首《阿买恳》。唱得天大亮时，举行收掩收场仪式，用一首名为"署忍"的歌退歌神，把悲伤留在歌场。每道仪式都用歌完成，直到新娘被抱了扶上马，也还忘不了用一首上马的歌送别。

退歌神

● 丧葬，人生道路的演示 ●

　　丧事祭祀是丧葬活动的主体，丧事祭祀中又有两大核心的仪式，一是为死者解冤除过的仪式，布摩诵读的经文内容为在总结人生的一般经历中，为亡灵的罪孽与过失作开脱。既为死者解除痛苦，也对生者进行行为道德教育；二是大型丧祭的仪式，总结人生的一般规律性经历，宣示生死观与价值观。

驰马若战——演绎尚武精神

　　在布摩的《算死书》一类工具书中，提及人的死因时说，要么是被天地父母收去灵魂，要么是被一种称之"娄纪替罢"的邪崇把灵魂给陷害了，最多的是被称之"司署"的勾魂鬼把灵魂勾走。"司署"是一个鬼集团，它们的来源和组成成分复杂，有远古时期敌队部族的亡魂，被符号性地总结为九掐脸白人、羊头青人、猪毛黑人、鸡冠黄人、独脚野人，还有牲畜鬼的牛头人身、马面人身及善变鬼等。彝文《司署》载：司署鬼有十二位。《支嘎阿鲁传》中炖老年人吃、煮中年人吃、把幼童生吃的鼠阿余、窍毕鼠、谷洪弄三支也是司署的成员，尽管它们被支嘎阿鲁征服并焚烧，但其烟气却继续危害人类，至今仍需由布摩去驱逐。

铃舞武士装

　　明代以来的汉文献都对彝族的丧祭仪式作了一定的记录。彝族丧祭仪式的象征演武布阵，或"驰马若战斗状"，在"以逐鬼神"，为逝去的亲人"复仇"的过程中，深刻地演绎出传统的尚武精神。

演示征战

评说功过——开展道德教育

在解冤仪式中，布摩念的《解冤经》以《苍天冤》《判断日月冤》《开辟土地冤》《山地冤》《沽祖尼祖冤》《祭祖冤》《祖灵台冤》《叙谱冤》《通巧冤》《魂马冤》《丧房冤》《打仗冤》《开亲冤》《嫁女冤》《骑马冤》《犁牛冤》《织绸冤》《行善冤》《打铜冤》《闺房冤》《门槛冤》《什勺冤》《门庭冤》《山与坝冤》《掌权冤》《宫室冤》《执法冤》等上百篇目，总结人生的一般经历中，难免亵渎神灵，虐待禽畜，伤身害命，与人结怨等，死后亡灵受各方纠缠，身陷痛苦，进不了死界，归不了祖宗。请十二大布摩神，根据鎗与诸神旨意，为亡灵的罪孽与过失作总结评说，以期求得谅解。布摩所念诵的经文，既有着为死者解除痛苦的愿望，也有着对生者进行行为道德教育的要求。

丧祭时用牛、羊、猪祭死者，要亡灵吃饱喝足，为上路作"体力"上的准备；祭祀死界君臣师，让他们接收死者亡灵。《丧祭经》

围"翁车"转
······●

以《示范》《建房》《建基立业》《论美》《美食》《盛装》《美德》《叙火》《婚配》《联姻》《生子》《披甲》《制戈》《佩剑》《挎弓》《持盾》《打仗》《复仇》《受土》《召富贵》《养马》《织绸》《食租》《祭祖》《叙谱》《播寿》《溯源》《权势产生》《修天补地》《断识日月》为题，向死者演示一部彝族历史，向死者演示人生的一般经历。告诉人们，人和万物都有生有灭，假设树木不会枯萎倒下，势必遮天盖地；假若人都不生病死亡，人们也就没有了立足的空间，生老病死是自然规律，人生要紧的是，要做到雁过留毛，人过留声，给后代留下好的名声。

祈福解灾

指引道路——揭示叶落归根

　　布摩用《指路经》为死者指引回归祖先的道路。

　　所谓《指路经》，顾名思义，就是指引路线的经书，为死者灵魂指引道路，指引亡灵沿着祖宗的迁徙路线，路线的终点是归宿。这个归宿，既非通往"西方极乐世界"的佛路，也非通往"上帝殿堂"的天路，更非通向丰都城的鬼路，而是通入祖宗故居的"翁靡"，即通往"五地之路"。"五"

吊祭队伍

是五行中土的数字，五行序数为金一、木二、水三、火四、土五。在方位上，金代表西，木代表东，水代表北，火代表南、土代表中央。五为土，为中央之数，它是远古彝族先民以自己居住地为天地间的中心这一观念的反映。

"指"即"指导""开导"，"路"即"归祖之路"，《指路经》就是指导灵魂回归祖界所历的路程的经书。在彝族原始的宗教观念中，"人死留三魂，禹额守墓地，洪斗归翁麽（祖界），诺色在祠堂"。指路是在死者的住地进行的。规定必须由布摩主持。先说死者的功绩和福气，一切都安排得很妥帖。死者为尊，活着的人都尊敬死者。对亡灵安慰了一番之后，就请享用祭品，出灵堂到丧祭场、葬场，穿戴甲胄，拿起武器，跨上骏马，赶着牺牲，经火化场，然后开始起程。由布摩按照祖宗迁徙的路线指引亡灵返回故土，说明沿途歇息地点，山川险阻、猛兽肆扰，种种困难，然后一一指点排难解危的方法，把亡灵指引到达目的地。并告诉亡灵到达目的地之后，要按自己所属的家族去找自己的位置。各个家族亡灵的归宿地都有不同的标志，告诫亡灵要辨认清楚，不可有误。最后，布摩向亡灵告别，指路的事就算完成。

亡灵回归"翁麽"（祖界）的路，高山峻岭难跋涉，重重关隘，条条河流阻道，在武雅惹舍、哈雅若舍、古楚叟惹的这些原始森林里，山上老虎咆哮，豹子吼叫，路旁站满野狗，道上布满毒虫，处处险象环生。在今天看来，这种描写荒诞不经，然而在古代，云南东部或北部一带的原始森林里确当如此。其反映了古代迁徙线沿途的地理概貌。一路走，一路看，一程一站，从亡人住地顺利回到祖先居地。之所以要"原路"回归祖界，目标明确和路线指认，强调着"血缘关系和地缘关系"。透过丧葬气氛的悲郁，布摩诵经的抑扬顿挫，跟着亡灵走，就走出了一条彝族祖先的历史之路，布摩每念诵一次《指路经》，就开启了一段历史记忆。正是这种历史记忆的"重复"与"诠释"，使得彝族的历史传统不断地延续，在"六祖"分支后，彝族先民经过风风雨雨，自强不息，由小而大，发展成枝叶茂盛，伸向四面八方，迁徙各地漂流他乡而顽强生存的各支系，死后在魂归故里时走到一起，从而得了团聚。

不同地区的《指路经》，因为不同的地域和现实处境而呈现不同

念诵《指路经》

认同，确认自己处在一个强大而悠久的历史空间和族群文化的链条之中。《指路经》把他们指到同根同源之处，不仅获得了互相认同的基础，而且仿佛找到了力量的来源，保持与祖先精神相通相连的本原性。

作为"典型文献"的《指路经》，一直是彝族"人死归祖"的思理念的刻意反映，彝族共同体内的认同基础和凝聚彝族的族群认同意识。历史记忆不仅是缅怀祖先的功绩和叙说苦难，同时也是昭示后辈"血浓于水"的族群认同意识。

《指路经》深层次的思想内涵还在于，它反映了彝族人民的一种传统执著的心态，就是远离故土，又思念故土，饮水思源不忘其本，得鱼而不忘筌，这是彝族人民的一种传统美德，又是整个中华民族的共性，同时又是维系整个中华民族的纽带，并有助于今天的社会主义精神文明建设。叶落归根，思念故土，既是热爱家乡的牢固思想基础，也是爱国的牢固思想基础，由此才能升华出爱国主义思想，孕育出伟大的爱国主义者。

● 信仰，把祖宗放在第一位 ●

祖宗崇拜，维系族人与宗法的纽带

彝族的原始信仰认为万物有灵，即有多神的存在，因此有祭天祭地、祭日月、祭山、祭水、祭土地等习俗，但是，从根本上说，都是服从以祖宗崇拜为核心的。祖宗崇拜表现为大中小型的三、六、九代的祭祖活动。由长子或大宗负责组织，从家庭到社会，以宗法为纽带维系族人，同一祖先的后代，以这位祖先为旗帜，并团结在他的周围，从对家族的管理延伸到社会的管理。祖灵桶中的冥器的放置体现出地位的尊贵，显示所供奉的祖灵的地位，即父子连名谱所代表的宗室不断代的传承人才入供，祭祀连同分支等的功能意义上可以看出，祭祖习俗仪式中最高级别的崖祠祖灵祭祀带有浓重的宗法制色彩。这种崖祠祖灵祭祀，规模可以扩大或放大到一个部落，到了一个部落单位时称"蔺"（又作"尼""睑"——方言不同的记音），《黔西州续志》载："按其先制，称宗曰蔺，惟宗子得祭，支庶皆附祭于大宗，而听其命焉，方与贡于唐也，不名其宗主之义，译位鬼主，唐遂以为夷俗尚鬼，不知其人所祀者，皆其先祖各王。"《黔西州续志》还有解释说，"蔺"

新制作祖筒和篾箩

祖灵房

犹"可汗"，即部，或部落政权的核心。有贵州省赫章县罗州乡境内留存的清道光阿格家祖灵桶里的父子祖谱正好反映"惟宗子得祭，支庶皆附祭于大宗"的这种情况，目的是要支庶等同一祖先的后人"听其命"。这即是彝族古代宗法制政权的最初形态。如古时彝族各部称阿哲蔺、阿默蔺、阿叩蔺、勃弄睑、品澹睑、史睑、蒙秦睑、阿太蔺、扯勒蔺、乌撒蔺、乌蒙蔺、芒布蔺等，都来源于对共同的祖王的祭祀，只不过是在对连名祖的共同祭祀中，选出其中最具代表性的一代作为标志，作为部名，并取之为姓氏。对祖宗的崇拜，反映在同一族人共同祭祀一位共祖的活动，这种崇拜作为纽带，深深地维系着其族人，并对宗法制度维护起到了加强与连续不断的作用。

三六九代祭祖——对先人的缅怀与感恩

　　祖先崇拜是彝族原始宗教形态中的核心内涵。彝族祭祖活动的形式与规模分为三种，按照彝族的格言说："三代人时做一次"丕筛"，六代人时做一次"珐替"，九代人时做一次"尼姆"。即有普通的祭祖、中等级别的祭祖和高等级别的祭祖。三代人时的祭祖仪式，彝语叫做

祖谱板

供奉在崖上的祖桶

"丕筛"，"丕"义为祖宗，"筛"原意为"蜕""换"，即换祖宗祖灵桶。但却非一个换字所能包含，不是单换，而且要举行相关祭祀仪式。更换祖桶是一项常见，即经常性举行的普遍的祭祖活动。按祭祖制度规定，到六代人时举行一次祭岩祠的活动，彝语仪式名称之"珐替"，"珐替"时将祖祠堂中住满六代的祖灵从篾箩中请出，装到用五棓子木凿制的祖灵桶中，放到僻静的岩洞或崖上供奉。每满九代举行一次祭祖、叙谱分支活动，彝语仪式名称之"尼目"和"维弄"，"尼目"，亦作"耐姆"。

"丕筛"这种祭祖活动，通常普遍举行，它是祖宗受崇拜的初级阶段，初级形态，是举行六代、九代大典的基础，主持者通常是长房、长子。长房长子自然成了小族长的角色。一般的情况下，一个小家庭建一所祠堂，即六代以内的亲家族拥有一个共同的祖祠；在特殊情况下，尤其到当代，共同祭祀一所祠堂，已远非六代人了。在同一地方，即同一居住环境中，安置祖灵的习俗也有差异，在祖祠内供奉祖桶，贵州彝区称"卯哉"，四川彝区称"玛都"，应当是共同的。差异与区别在于，有的家庭不供养祖筒而供养木牌（应称祖宗神牌）。如在贵州的威宁县东部，阿景家族（汉姓王等）、侯大家族（汉姓唐或海）在祠堂内供奉的是祖宗神牌，神牌由五棓子木制成，而别的家庭则供奉篾箩祖筒。尽管祭祖，包括丧祭指路的仪式过程几乎一致。关于这两者差异，有格言说："德布省布达，德施朵登俞。""省布达"即木片木板，"朵登俞"义为放鞭炮，以竹祖筒形似鞭炮而形容，说明习德布之俗者供奉神牌，习德施之俗者供奉祖筒，其实也不尽然，古侯的供祖习俗也是供奉祖筒。

六代祭祖称"珐替"。"珐替"中的"替"，原始义为"晾""晒"，"珐替"原始义为"晒岩（崖）"或"晾岩（崖）"，延伸为"晒岩（崖）上的祖灵"或"晾岩（崖）上的祖灵"，祖桶安放在岩（崖）上，到一定的时间将岩（崖）上的祖桶翻了晾晒，进行防潮、防鼠、防蛀等保护。形式虽然如此，内涵却是点祖桶里祖灵的名字，使之接受祭奠、供奉，必要时还为之举行消灾禳解仪式。

大型祭祖的"尼目"和"维弄"，不仅是最大型的祭祖活动，而且是一个祖先的子孙满九代后的隆重的分家支活动，两个词都是祭祖的意思，作为词组，有着强调的含义。按彝族的习俗将六代或九代祖的祖灵安放到人迹罕至的悬崖绝壁处，这一习俗，在《大定府志·疆土志六》中也有记载，如"鬼筒箐，在城西三十里，茂林丛棘，崭绝难登。夷民以竹筒盛木主，谓之鬼筒，今岩上安宣慰鬼筒存焉"。这里的所谓"鬼筒"，当为"鬼桶"，即祖灵桶，筒为竹质，桶为木质，容量的大小，灵魂所享受的待遇规格与区别的出入是很大的。慕靡时期的第29代王武洛撮时，大布摩恒阿德为慕靡之王武洛撮制订了一整套规范的祭祖制度，即三代祭祖仪式称"丕筛"，六代祭祖仪式称"珐替"，九代祭祖仪式称"尼目""维弄"，经过九代祭祖仪式后，子孙可以分支，另立一个宗族。根据这一系列祭祖制度，祖先亡灵不再招附于偶像，而是招附到抽象的灵魂草草根或灵魂竹的竹根上，举行洁净、祭祀、安放等一系列仪式后，供长期供奉。尼目、维弄最大型的祭祖活动过后，或满十二代以上的祖灵，没有了安置或祭祀的空间，就不再管理这些祖灵，对他们祭祀到此中止，需要给他们有个交代，所举行的仪式就叫"勾直"，意为举行过渡仪式后脱离与他们的祭祀关系，将这些祖灵放到人迹罕至且不能轻易到达的悬崖绝壁或岩洞里，这种悬崖绝壁或岩洞就叫"勾直法"。存放自己的祖灵的悬崖绝壁或岩洞称"披纰勾直法"，存放他人祖灵的悬崖绝壁或岩洞称"撮泰勾直法"，自己的祖灵称"披纰（祖宗）"，他人的祖灵称"撮泰（鬼）"。三六九代祭祖，既是对先人的缅怀与感恩，也是对族人加强凝聚的宣示。

● 禁忌，民俗与文化的记忆 ●

　　彝族禁忌在彝文文献《局卓布》一书的开头就作了个总纲："发展着的门第，一年十二月，在十二月中，怕一月不利；一月三十天，在三十天内，怕一天不利；一天十二时，十二时刻中，怕一时不利。十二天时间，有十二禁忌；属鼠日子不播种，播下种子不成熟；属牛日子不披甲，披甲甲片展不开；属虎日子不操戈，操戈戈不锐；属兔日子不刨土，刨土土结板；属龙日子女忌哭，犯忌泪不干；属牛日子不剪指甲，剪指甲伤肉；属马日子不盖房，盖房房要垮；属羊日子忌治病，治病病不愈；属猴日子忌占猪膀，占的猪膀不灵验；属鸡日子不洗发，洗发垢不脱；属狗日子忌剪羊毛，犯忌绵羊不发展；属猪日子忌杀牲，杀牲不见血。十二天当中，有十二禁忌，克者有十二。"其中刨土、播种、剪羊毛、盖房属生产活动，洗发、剪指甲、治病、杀牲、占猪膀是生活活动，披甲、操戈是征战活动，忌哭是感情行为活动，都是以日期来定的。这种禁忌特殊的还有正月的豹子出嫁、豹子结婚，豹子眼睛这三个日子，妇女禁梳头等。

节庆里

　　各类禁忌都很多，但较为突出的有信仰禁忌、伦理禁忌、生产禁忌、生活禁忌、生育禁忌、婚姻禁忌、丧葬禁忌和预兆等几个方面。

信仰禁忌：

　　忌砍伐、烧祖灵房周围和祭神树地旁边的树木，认为灵房周围的树木和祭神树地旁的树木是保护族人安宁的神

守望

灵居所，随意砍伐会得罪神灵；忌用制作祖桶的同一种木盖房、烧火，子孙禁饮取水作祭祖用的那口井的水。正月忌吼攃抓食猪鸡的鹰；忌食鹤、杜鹃（鸽）、鹰等禽类肉。

伦理禁忌：

　　正月理发伤舅舅，不和舅舅同坐一条凳子，不同舅舅面对面地坐，不和舅舅同卸一马驮。不是同般等辈的人不入席，公公和媳妇不能对着坐。

生产禁忌：

　　秧种撒下田后，不得打陀螺、荡秋千。五十斤以上的瓜不吉，须送到十字路口。不跨过刀和斧头等工具。不跨磨刀石，跨磨刀石会得到羞辱。

生活禁忌：

　　任何人忌跨过火塘。

　　孕妇忌食兔肉，认为孕妇食用兔肉所怀胎儿将会成兔唇。

　　孕妇忌吃母猪肉。若犯忌，孩子将来会不健康。

　　产妇用的碗忌正立，要反扣着，否则小孩常吐奶，成人后也是个败财之辈。

　　忌食狗肉。认为狗是脏的动物，吃了就被厌污，做事不吉顺，进不了祖灵堂。忌食猫，猫虎共祖，食用猫会招灾。

　　忌用餐时将筷子直插在饭碗里，认为这是给死人敬食的方式。

忌食病死或难产死的家畜肉。

女子禁吃双生水果、生有并指趾的牲畜肉，否则认为日后自己会生类似的孩子。

生育禁忌：

女子妊娠期间忌参加他人的婚礼、当伴娘。

孕妇忌去焚场或丧家，忌摸死人、寿衣、祭品、嫁妆、喜床；忌坐门槛、跨越炉灶。忌到石木铁漆等匠人做工的地方。

孕妇忌在桃树上晒衣裙，忌跨马缰绳。跨马缰绳会使腹中胎儿超月不产，甚至同马一样怀胎 12 个月。孕妇忌跨秤砣，犯禁会导致胎儿畸形或成肉团，或此后不会再怀胎生育。孕妇就餐时忌换碗，否则所怀胎儿会成大肚汉。

孕妇产前要实行隔离，不允许在娘家生孩子，认为不吉利，遭族人谴责。遇特殊情况在娘家生孩子的，只能在外搭棚生子，满月后方能回家。

产妇不满百日不准串门、到井里打水、河边洗衣，参加他人婚丧礼。忌去神前庙后。

产妇忌走亲串戚。认为产妇身上沾有污血晦气，若产妇满月前串门入室，会使家中人畜欠安或蚀财。

产妇忌接近炉灶，认为产妇身上不洁净，若炉灶被产妇的手脚或衣服摩擦将会得罪灶神而招灾。

婚姻禁忌：

忌单月提亲、定亲，犯之则不成或中途分手。

忌嫁娶犯红沙日。忌发亲时父母目送。忌新娘未满月走亲串门。忌进亲时新娘面向太白星和天狗星，若犯忌将来子女会夭折。忌新娘上马时，马拉屎或狂奔乱跳，预示夫妻不到头或家庭破败。忌新娘上马时往前或后倾，倾前伤前家，倾后伤后家。忌雷雨嫁娶，嫁娶遇雷鸣电闪是大凶之兆。发亲时雷电轰鸣预兆新娘不久于人世；进亲时有雷电视为凶兆，预示新婚夫妇将成半路夫妻。因此民间嫁娶一般在农历十月至第二年三月底基本无雷雨的时节举行。女子忌 20 岁出嫁。刚成婚的夫妇，一月内忌参加他人婚礼。

丧葬禁忌：父母去世当年，忌办喜事。孝子在三年内遇事须忍让，忌招惹是非，打架斗殴。忌杀牲狩猎，因已故父母转世为人，可能几

人生道路

经周折方成。忌犯重丧。忌孝子在吊丧期坐凳睡床、忌坟向过人房顶。忌安葬上土时有恶雷。忌安葬日犯执子孙、执客。忌孝子泪滴入棺内和坟墓里，更忌泪落在死者尸体上。忌抬丧途中跌在棺木之下。忌在坟地有"不发、不好"等不吉利语言。埋葬忌金属物入墓穴。

禁忌与预兆：

忌飞禽走兽及蛇蛙蜂等虫豸或异物进入家，母鸡鸣，母鸡下软蛋，狗嚎，鸦噪，沾飞鸟屎，甄子鸣，六畜上房，母猪吃猪崽，缸无故失水，遇地震，遇日月食，鼠咬衣物，逢路断、地裂、水没、地陷、岩崩，见蛇交、人交，半夜马叫、犬狂叫、鸡不按时叫。对这些禁忌预兆，要请布摩作破解。

一种禁忌的形成，经历了成百上千年的时间，是对人们的生产生活习俗活动的规范和制约，是习惯法意义上的补充，人人都要规范的行为准则，也是文化的积淀。进入现代社会，传统的习俗在一点点地被丢失，从功能上，它也与现代社会不能切入，逐渐失去了对人们的行为活动制约力，表现为一种对历史文化的记忆。

山水 SHANSHUI
LIANTIANYU 连天宇

支嘎阿鲁湖，中国古彝圣水

　　当天帝策举祖苦苦寻求地上的天子时，天臣诺娄则向他推荐了支嘎阿鲁。这个时候的支嘎阿鲁，被太阳神和月亮神的精灵、鹤君与鹃臣化身的天郎地女生下后，因为他俩的先后去世而无人照看，作为最古老的志愿者，马桑树担起了白天哺乳的义务；雄鹰则担起了晚上用翼覆盖使他温暖的义务。过了数天，当支嘎阿鲁有了精神时，就骑着麒麟，带着充当猎狗的虎豹到处游荡。根据天臣诺娄则的报告，天帝派风、雨、雾六个使者去召支嘎阿鲁上天听用。支嘎阿鲁行踪不定，六位使者翻山越岭，打听遍了雀鸟、树木、野兽都无他下落，从蒿艾那里了解到支嘎阿鲁在勾濮匠侯湖边。追上支嘎阿鲁后，六位使者将他放到污湖里去洗。越洗支嘎阿鲁越污黑，不得已，六位使者抬起支嘎阿鲁，飞到叫"此吐德毕"的水源边，用蒿艾插神枝，又用飞禽走兽做祭牲举行祭祀仪式，再把支嘎阿鲁放到"此吐德毕"里去洗。这一洗，洗出支嘎阿鲁英俊神武的形象，上天入地、无所不能的智慧和力量。六位使者抬着支嘎阿鲁上天交了差，一位英雄神王的神圣使命由此开始了，他驱散人间的迷雾，测量天地四方定方位，划分地域分野，命名山川河流，考察星象气候，制定历法，统一彝文，传授文化知识，驯养牲畜，教民耕作，发明医药，发展贸易，扫除妖魔鬼怪，除尽人间祸害，移山填海，教化人伦，打败众多敌人，制定祭祀礼仪，制定法度。支嘎阿鲁最终成了彝族人民千古传颂的英雄神王。

在支嘎阿鲁的神圣使命中，有一项就是撵北山填南水。治水的支嘎阿鲁征服了山神王的女儿鲁斯阿颖的芳心，演绎了一桩爱情的悲剧，

古彝圣水

光绪《黔西州续志·卷五·诸家土司宗派仪礼》也记录说："又称直括鲁（支嘎阿鲁）治水时，錾山导江，有神女德模普施为之助，殆巫山神女也。"支嘎阿鲁治理南方的洪水，却保护着把它洗成神王的"此吐德毕"水。

"此吐德毕"水，一部分流向巴迪就成了今天的威宁草海的水；一大部分作为源头，汇成乌江干流北源的六冲河，造就了奔腾不息的乌江。2008年的暮冬，水西湖（原洪家渡）改名为支嘎阿鲁湖。支嘎阿鲁在曾经沐浴过的圣水里找到了小憩的处所，并通过水道，方便了巫山神女之间的沟通。

支嘎阿鲁湖水面宽阔，水质清澈，自然景观独特，水域面积达80平方公里，涵盖了大方县的东南部及西部、黔西县的西部、织金县的北部和纳雍县东北部。从洪家渡开始，东面和南面连接着"乌江源百里画廊"，与"裸洁河—化屋基—织金洞"连成一片，西面连接着"总溪河—九洞天"旅游区，与西线"草海—百草坪—阿西里西山"精品线路贯通，向北与古彝族文化圣地大方奢香文化旅游区、百里杜鹃旅游带呼应，与"北有周口店，南有观音洞"的沙井观音洞、柯家海子、水西则溪遗址等建立结点，恰好构成一个宏大的自然风光与历史文化、民族风情有机结合的旅游区。好比众星拱月，支嘎阿鲁湖在毕节市的旅游资源中占据着举足轻重的地位，并在资源优势的转化中充满着美好的未来。

● 百里杜鹃，索玛花开映彩霞 ●

　　杜鹃花是彝家的族花，在嫁女的"初初侯"拦路歌中，"玛诺"的（"问杜鹃"）对唱答对了后，迎亲的"初初"会得到一杯美酒，圆润动听的回对歌声，还有洒水的祝福；雨纷飞的清明时节，彝家到自家的祖坟上，会插上一束束的杜鹃枝，以示对已仙逝的亲人的追思与怀念；彝家女的"抠圆"长衫，做出杜鹃盛开的效果，会得到人们的赞誉，说不定在选美的活动中已先占上风；彝家还有用杜鹃木雕刻做祖先偶像供奉的习俗，至今还保留在滇西的一些彝族支系中。

　　彝家对杜鹃花独有青睐，情有独钟，还留下很多传说有所挂钩。相传在古老的乌蒙山彝区，有一对美貌恩爱的夫妻，男的叫若郎，是当地彝王兹摩阿纪家的武士，女的叫薇露，貌若天仙，远近都出了名的。兹摩阿纪贪慕薇露的美色已久，一次，兹摩阿纪要借若郎五月初五佩带的香包，兹摩阿纪提出：妈换妈，或妻换妻都行，要若郎把薇露让给他，遭到若郎的严词回绝。兹摩阿纪以派若郎平息叛乱为借口，把他杀害了，对薇露谎称：人家是把矛头向前杀，他是把矛头往后拉，于是自己把自己杀死了。兹摩阿纪打算照顾失去丈夫的薇露。薇露说要先丧祭她的夫君若郎，打牛染红山顶，打羊染白山腰，打猪填黑山谷，用九个山头的柴，九个平坝的柴焚烧若郎。如果做到，不用迎娶，她自己会去兹摩阿纪家。兹摩阿纪为迎合薇露，兑现了承诺。在火葬若郎那天，薇露穿了最好的衣裙，佩戴了压在箱底的金银首饰，借着添火，毅然扑向火葬场为最相爱的若郎殉情。气急败坏的兹摩阿纪把两人的骨灰分开，洒往乌江的两岸。不到一年，两岸洒骨灰的地方，各长出一条粗壮的藤蔓，紧紧地交缠在一起，伤心的兹摩阿纪将两条藤蔓割断。

世界花园

斗艳

从藤蔓飞出两滴汁水，顷刻又化作两只比翼齐飞的杜鹃鸟。怒不可遏的兹摩阿纪急忙派武士射杀两只恩爱的杜鹃鸟。雄性的杜鹃鸟流出一滴白色的血，化为白色的杜鹃花，雌性的杜鹃鸟流出一滴红色的血，化为红色的杜鹃花。为了报答彝家的钟情，红白杜鹃花落脚到今百里杜鹃一带繁衍，形成了各色杜鹃花的林海。

杜鹃花被唐代大诗人白居易誉为"花中此物是西施"。有"地球的彩带、世界的花园"美称的百里杜鹃风景区，位于贵州省毕节市大方、黔西两县交界处，整个天然杜鹃林带宽 1 ~ 3 公里，绵延 50 余公里，总面积 125.8 平方公里，是"世界上最大的天然花园"，它名副其实。百里杜鹃不仅是杜鹃花的世界、杜鹃花的海洋，也是参天古树云集、山水林洞辉映、珍禽异兽栖息、民族风情浓郁的原始森林旅游区。

百里杜鹃

花中西施

有普底、金坡、百纳、大水、嘎木、仁和、红林 7 个景区，有 40 多个景点。有马缨杜鹃、大白花杜鹃、水红杜鹃、露珠杜鹃等 37 个以上的杜鹃花品种。

花开映彩霞的杜鹃及其风景名胜景区，2010 年 12 月被国家旅游局评定为国家 AAAA 级景区，2013 年晋什为国家级 AAAAA 级景区。先后荣获中国百里杜鹃花之乡、全国低碳旅游实验区、最负国际盛名景区、亚洲·大中华区十大自然原生态旅游景区、最值得驻华大使馆向世界推荐的中国优秀生态旅游目的地等荣誉。

百里杜鹃地处乌蒙山脉中段，杜鹃林灌覆盖率近 80%，平均海拔1600 多米，森林植被好，夏秋气候清凉，是自然的"天然氧吧"，避暑不可多得的好地方。这一远离城镇化、工业化的"养生福地，清凉世界"，将会令人们获得回归自然，田野牧歌的舒心，在交通大动脉被打通，杭瑞高速贯通境内之际，百里杜鹃在"城市后花园"里绽放出绚丽多彩的花朵，迎接那喷薄而出的朝阳。

● 草海，千年传说中的"高原明珠" ●

草海是一颗镶嵌在云贵高原的明珠，位于贵州屋脊的它，被誉为"天上的草海"。它接待的第一批住民是彝族的先民，见证了卢夷国、夜郎国的兴衰，目送朱提国向南溃败而去，也挽留不住阿诗玛的家族紧随其后，迎接六祖中乍支系、侯支系、默支系、布支系频繁地纷至沓来。侯支系取草海水祭祖，分做九大支"德额"；默支系不甘落后，也取草海的阳关桥一带的水祭祖，分为芒布和水西两支；布支系的乌撒曾独占草海一千多年，并把草海作取净水祭祀的唯一神湖。在五色命名中，有"巴渣侯舍为黄海，洛纪侯那系黑海，巴迪侯吐属白海，举娄侯尼做青海，勾楼侯能是红海"（参见彝文《献水经》）。草海被命名为"巴迪白海"，有着大海和透明璀璨的寓意。

草海座落在威宁县城西南的近郊，原来的湖盆面积 96 平方公里，水覆盖面积最大时有 45 平方公里，现覆盖面积保持在 30 平方公里以上，是贵州省最大的高原淡水湖泊，可与长白山镜泊湖媲美，相当于四个杭州西湖那么大，与青海湖、滇池并称中国三大高原湖泊。草海水面海拔高度 2170 米，湿地与农田为邻，湖水的补给来源主要是大气降水和地下水，年补给水量 800 ~ 900 万立方米，湖区长 14.2 公里，平均宽 1.76 公里，最大水深 5 米，平均水深 2.4 米，蓄水量 0.6 亿立方米。1985 年经贵州省人民政府批准建立草海自然保护区，1992 年 10 月经国务院批准，草海为国家级自然保护区，即国家级的黑颈鹤及高原湿地生态系统保护地。

鸟中的君长

草海湖

　　对远离海洋的高原，草海有着调节山区气候的作用。在数十万年前，这里是一片沼泽地区，历经沧桑，逐渐形成稳定的淡水湖泊。据民国《威宁县志》记载："清咸丰七年（1857年）七月，雨四十余昼夜，海水涨至城南斗姥阁门外。清咸丰十年（1860年）庚申，水忽大涨，两海遂汇为一，名曰草海，淹没田地甚多。"草海的形成历尽沧桑。

　　草海有"天上草海"、"物种基因库"、"天然博物馆"、"鸟的王国"、"高原明珠"等美誉。

　　草海是草的世界。水生草本植物占了约全湖面积的60％。草海湖水较浅，水质良好，湖水清澈透明，坐在船上，能看清楚水底的水草。肥沃淤泥铺就的湖底，为各类水生植物的生长提供了优良的环境，因而海菜、芦苇、蒲草、水葱、紫萍等水生高等植物就达40余种，还有浮游植物90多个属种，其中海菜花为国家重点保护植物。

　　"鸟的王国"的草海是世界人禽和谐共处的十大候鸟活动场地之一，中国第二大迁徙鸟的乐园。共有鸟类208种10万余只。其中有国家一级保护鸟类黑颈鹤、金雕、黑鹤、白尾海雕等7种，二级保护鸟类灰鹤、白鹭等20余种，国家珍稀濒危重点保护动物27种。在各种珍稀鸟类中，最为珍贵的黑颈鹤有着"会飞的大熊猫"的美称。

　　草海也是鱼的乐园。已记录的草海鱼就有10余种，包括鲤鱼、青鱼和草鱼。草海细虾以其味道鲜美而驰名。

　　草海周边的民族历史文化积淀深厚，民族风情浓郁。盛夏时节风凉气爽，隆冬到来，"阳光之城"沐浴灿烂阳光，暖意融融。这是一处消暑避冬，旅游观光和度假的理想胜地，"会飞的大熊猫"期待着来自远方的贵客。

● 板底，魅力彝乡 ●

板底乡是黔西北彝族母语文化中心区之一，是名扬神州大地的彝族民歌《阿西里西》、"国家首批非物质文化遗产名录"彝族民间原生态戏剧"撮泰吉"的故乡。

板底，在彝语中有"高山上的坝子""光辉照耀的坝子"等多种含义。"白云当披毡，狂风当马骑"的米尼则大山下的这片神奇土地，千百年来孕育出底蕴深厚内涵丰富的彝族历史文化，绚丽多彩的彝族风情文化，并以此展示出独特的彝族文化魅力。

曾经的布摩之乡，有构飞、法戈、阿维、阿俄等多家布摩组成的可观阵容，有曾经的上千册彝文古籍。

完整地保留和传承了独具一格的乌蒙型彝族服饰，特别是女性的着装，形成了一道靓丽的风景线。

流传于板底乡裸嘎和板底院子的古彝戏剧《撮泰吉》，以其别具一格的民族艺术特色，在我国古老的戏剧剧种中独树一帜，被大戏剧家曹禺誉为"戏剧活化石"，在人类学、民族民俗学、戏剧学、舞蹈学、傩戏、地方文化史学等方面都具有极高的研究价值。

板底彝族歌舞文化以传统的《曲谷》（情歌）、《阿买恳》（出嫁歌）、《霎叉》（汉语彝调山歌）、《陆外》（娶亲歌）、《肯洪》

板底远眺

（丧歌）为代表，保留了丰富的原生形态。又有不断创新的生产劳动歌、新民歌、器乐曲、舞曲，脱颖于传统，又继承与弘扬了传统。板底彝族的音乐舞蹈种类丰富，题材广泛，著名的《阿西里西》是贵州省第一个上银幕的彝族音乐舞蹈，就创作于板底乡，《芦洪高原》《牧歌》《阿喽喽》等一批创作民歌在贵州、在全国彝族中都有举足轻重的影响。乐器有唢呐、月琴、口弦等。月琴是彝族传统乐器，在现在的板底，能做到组织一支百人以上规模的弹月琴团队一同上台演出。

一批彝族民间文学得以保留和传承，民间文学形式丰富，有诗歌、故事、寓言、童话、谚语、谜语等，题材和内容广泛，其中代表作有《阿诺楚》《阿诅阿冶》《放鹅娄记》《虎妻》《米谷藉娄啥》《欧哺娶亲》《放归白猿》《阿哲牧倌》等。

彝族传统习俗保留完整，板底彝族十月初一过彝年，三月三兴祭山节，五月端午兴赛马节，农历六月二十四过火把节，也过阴历即农历的春节、元宵节。以节日为平台，开展群众性的歌舞、赛马、摔跤、荡秋千、玩磨磨秋、打火把游村、扫火星等活动，使彝族风情与礼俗文化得到充分的展示与传承。

借节庆或婚丧嫁娶活动的舞台，板底彝家大口吃坨坨肉，大碗喝"转转酒""咂酒"；引吭高歌一首首，舞蹈翩跹一曲曲，通宵达旦，送月亮西沉，迎朝日东升。彝族文化是中华文化资源宝库的一枝奇葩，板底所保留的丰富多彩的彝族服饰、歌舞、戏剧等文化和传统习俗，充分展示出彝乡别具一格的文化魅力，也打开了一道了解贵州彝族及其历史文化的窗口。

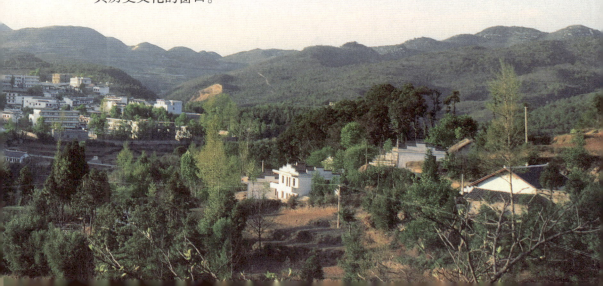

参考书目

1. 毕节地区彝文翻译组. 彝文金石图录第一辑 [M]. 成都: 四川民族出版社, 1984.

2. 罗国义审定, 马学良修订. 爨文丛刻(上)[M]. 成都: 四川民族出版社, 1986.

3. 冯元蔚译. 勒俄特依 [M]. 成都: 四川民族出版社, 1986.

4. 王继超, 王子国译. 彝族源流 [M]. 贵阳: 贵州民族出版社, 1989.

5. 王继超, 王子国译. 物始纪略二 [M]. 成都: 四川民族出版社, 1990.

6. 王运权, 王仕举译. 西南彝志 [M]. 贵阳: 贵州民族出版社, 1991.

7. 果基·宁哈, 岭福祥等. 彝文指路经集译·威宁卷 [M]. 北京: 中央民族学院出版社, 1993.

8. 王继超译. 支嘎阿鲁王 [M]. 贵阳: 贵州民族出版社, 1994.

9. 毕节地区彝文翻译组. 彝文金石图录第二辑 [M]. 成都: 四川民族出版社, 1994.

10. 王继超, 王子国. 曲谷走谷选 [M]. 贵阳: 贵州民族出版社, 1994.

11. 阿洛兴德. 曲谷精选 [M]. 贵阳: 贵州人民出版社, 1996.

12. 王继超, 文朝志. 阿买恳 [M]. 贵阳: 贵州民族出版社, 2002.

13. 王运权, 王仕举. 西南彝志 [M]. 贵阳: 贵州民族出版社, 2004.

14. 贵州省毕节地区地方志编纂委员会点校. 大定府志·水西安氏本末 [M]. 北京: 中华书局, 2000.

15. 毕节地区彝文翻译组, 赫章县民宗局古籍办. 彝文金石图录第三辑 [M]. 成都: 四川民族出版社, 2005.

16. 王继超. 布默战史 [M]. 贵阳: 贵州民族出版社, 2007.

17. 王继超等. 彝族毕摩经典译注十七卷 [M]. 昆明: 云南人民出版社, 2007.

18. 陈洛基, 王继超. 中国少数民族古籍总目提要·贵州彝族卷一 [M]. 贵阳: 贵州民族出版社, 2010.

19. 王明贵, 王继超. 水西简史 [M]. 贵阳: 贵州民族出版社, 2011.

后记

　　贵州山川秀美，气候宜人，资源丰富，人民勤劳，风情多彩，文化灿烂。18 个世居民族，和谐相处，共建家园。《贵州世居民族文化书系》正是建立在人类学、民族学、文化学的研究成果基础上，以叙事方式为主，向世人勾勒贵州世居民族文化版图，展示贵州世居民族悠久的历史文化与和而不同的美丽生存，以全新的视角探寻各民族的文化发展轨迹，解读各民族具有鲜明特色的文化事象，诠释各民族充满神奇魅力的新形象。

　　《贵州世居民族文化书系》编委会对书系的宗旨、目标、体例和风格等进行项目论证和定位，负责确定写作大纲，并对书系的组织架构、写作要求和作者物色等进行统筹安排。

　　《火耀布摩经·彝族》由贵州省彝学会进行审读，就政治倾向性和民族、宗教问题进行认真把关。本书图片得到了贵州省摄影家协会、作者的大力支持（经多方搜寻，仍有部分图片未能寻到作者，作者见书后请与出版社联系）。

　　在此，对所有为书系做出贡献的人士表示衷心的感谢！因编辑水平所限，书中难免有不尽人意之处，恳请读者批评指正，以便图书再版时予以弥补。

《贵州世居民族文化书系》编委会

2014 年 6 月